Elisabeth Birnbaum
Messias
von Georg Friedrich Händel

bibel & musik

Elisabeth Birnbaum

Messias
von Georg Friedrich Händel

In der Reihe bibel & musik
des Verlags Katholisches Bibelwerk sind bereits erschienen:

Michael Theobald / Wolfgang Bretschneider
**Das Paulus-Oratorium
von Felix Mendelssohn Bartholdy**
214 Seiten, ISBN 978-3-460-08601-2

Meinrad Walter
„Erschallet, ihr Lieder, erklinget, ihr Saiten!"
Johann Sebastian Bachs musikalisch-lutherische Bibelauslegung im Kirchenjahr
256 Seiten, ISBN 978-3-460-08602-9

Beate Kowalski / Michaela C. Hastetter
Die Johannespassion von Arvo Pärt
192 Seiten, ISBN 978-3-460-08603-6

Jam Assmann
Das Oratoium Israel in Egypt
von Georg Friedrich Händel
304 Seiten, ISBN 978-3-460-08604-3

© 2016 Verlag Katholisches Bibelwerk GmbH, Stuttgart
Alle Rechte vorbehalten

Für die Texte der Einheitsübersetzung der Heiligen Schrift
© 1980 Katholische Bibelanstalt GmbH, Stuttgart

Gesamtgestaltung: Finken & Bumiller, Stuttgart
Umschlagmotive: Georg Friedrich Händel,
Porträt von Thomas Hudson (1701–1779), © akg-images (oben),
„Die Sonne II. Studie" (1910/16)
von Edvard Much (1863–1944), © akg-images (unten)
Abbildungen S. 16, 24 und 147: © akg-images
Herstellung: Finidr s. r. o., Český Tešín
Printed in the Czech Republic

www.bibelwerk-impuls.de
ISBN 978-3-460-08605-0

Inhalt

Vorwort zur Reihe bibel & musik 8
Vorwort des Autors 9

I. Einführung 11
   Einleitung 11
   Der Librettist 11
   Der Komponist 16
   Entstehung 20

II. Der *Messiah* als christologischer Hymnus 27
   Keine dramatische „Handlung" 27
   Ausschließlich Bibeltexte 29
   Ausschließlich liturgisch zentrale Texte 33

   Exkurs: Messiaserwartung und „Schriftbeweis"
   des Alten Testaments 34

   Gegen oder für wen ist der Messiah? 39
   Vorlagen für den *Messiah* 41
      Das Book of Common Prayer 43
      Frühchristliche Quellen 47
      Richard Kidder? 53
      Das Nizänisch-konstantinopolitanische Glaubensbekenntnis 55
      Allgemeines zur Musik 57

INHALT

III. Libretto und Musik 61
    Teil I: Messiaserwartung – Inkarnation –
    Wirken auf Erden 66
        (Wir glauben an) unseren Herrn Jesus Christus, … – Advent 68
        … Gottes eingeborenen Sohn, aus dem Vater geboren vor
        aller Zeit: … Gott von Gott, … – Darstellung Jesu im Tempel 76
        … wahrer Gott vom wahren Gott, … – Mariä Verkündigung 85
        … Licht vom Licht, … – Heilige Nacht 87
        … für uns Menschen und zu unserem Heil ist er vom Himmel
        gekommen, hat Fleisch angenommen … – Christtag 94
        … Mensch geworden (zu unserem Heil) – das Wirken Jesu
        auf Erden 101

    Teil II: Passion – Ostern – Himmelfahrt –
    Pfingsten – Parusie 107
        Er wurde für uns gekreuzigt unter Pontius Pilatus … 109
        … hat gelitten … 118
        … und ist begraben worden, ist am dritten Tage auferstanden
        nach der Schrift … 122
        … und aufgefahren in den Himmel. Er sitzt zur Rechten
        des Vaters … – Christi Himmelfahrt 127
        … und wird wiederkommen in Herrlichkeit … (und die eine,
        heilige, katholische und apostolische Kirche) 132
        … zu richten die Lebenden und die Toten … 140

    Exkurs: Das Halleluja als Siegesruf über die
    Zerstörung des Tempels? 144

        … und seiner Herrschaft wird kein Ende sein 146

Teil III: Auferstehung der Toten 150
    Wir erwarten die Auferstehung von den Toten ... 156
    ... und das Leben der kommenden Welt 159
    Abschluss 168

IV. Zusammenschau 171

V. Der Text 174

VI. Tabelle zu BCP 202

Anmerkungen 209
Anhang 212
Literaturverzeichnis 212
Diskografie 218
Nachweise Notenbeispiele 221
Zur Person der Autorin 222

bibel & musik
im Verlag Katholisches Bibelwerk

Die Bibel mit ihrem Reichtum an Erzählungen, Bildern und tiefgründigen Gedanken ist und wirkt bis zum heutigen Tag auch kulturprägend. Dieses Wissen um ihre gestaltende Kraft und um die Einordnung großer kultureller Leistungen geht zunehmend verloren oder ist schon gar nicht mehr vorhanden. Hinzu kommt, dass die Kirche mit ihren Lebens- und Glaubensvollzügen erheblich an Akzeptanz eingebüßt hat. Viele Menschen ziehen es selbst in geprägten Zeiten vor, statt Gottesdienste kirchenmusikalische Veranstaltungen zu besuchen. Diese Aufführungen werden nicht selten zu einem spirituellen Erlebnis. Die werkbezogene Reihe bibel & musik setzt sich zum Ziel, das Gehörte wissensmäßig zu vertiefen und das jeweilige biblische Fundament herauszuarbeiten. Die legendäre Frage an den Äthiopier, die Philippus in der Apostelgeschichte stellt, kann in diesem Kontext leicht abgewandelt werden: Verstehst du auch, was du hörst?

DIE HERAUSGEBER:
MICHAEL THEOBALD UND
WOLFGANG BRETSCHNEIDER

Vorwort

G. F. Händels „Messiah" beschäftigt mich schon seit meiner Schulzeit. Mit siebzehn Jahren sang ich das Werk im Chor des Wiener Musikgymnasiums im Goldenen Saal des Musikvereins. Einige Jahre später studierte ich den Sopran-Solo-Part im Rahmen meiner Lied- und Oratoriumausbildung an der Wiener Musikuniversität bei KS Walter Berry. Und wieder einige Zeit später, als ich dem Gesang Lebewohl gesagt und mich der Bibelwissenschaft zugewendet hatte, hörte ich das Werk erneut und begriff mit alttestamentlich geschulten Ohren endlich, was ich da eigentlich gesungen hatte.
Dieses Aha-Erlebnis, ein oft gehörtes oder selbst gesungenes Werk in seinen Tiefendimensionen plötzlich neu und besser zu verstehen, möchte ich mit diesem Buch auch anderen Musikbegeisterten verschaffen. Für die Anregung und Ermöglichung dazu danke ich sehr herzlich den Herausgebern Michael Theobald, dem ich auf musikalischem Gebiet begegnen durfte, und Wolfgang Bretschneider. Auch meiner Lektorin, Claudia Gröhn, und dem Grafiker, Matthias Bumiller, sei an dieser Stelle für die gute Zusammenarbeit herzlich gedankt.
Außerdem danke ich meiner Mutter, Mag. Helga Kaufmann, sowie Hr. Dipl. Theol. Friedrich Bernack für sorgfältiges Gegenlesen und allen, die das Werden des Buches mit ihrem Interesse begleitet haben.
Widmen möchte ich das Buch allen Musikbegeisterten, und stellvertretend dafür meiner Mutter.

Wien, am 20. Oktober 2016
Elisabeth Birnbaum

1. Einführung

Einleitung

> „Händel sagt, er will nächsten Winter nichts tun, doch ich hoffe, ich kann ihn dazu überreden, eine weitere Bibelstellen-Kollektion, die ich für ihn gemacht habe, zu vertonen und zu seinem eigenen Wohl in der Karwoche aufzuführen (...). Ich hoffe, er wird sein gesamtes Genie und all seine Kunst hineinlegen, damit die Komposition alle seine früheren Kompositionen überragt, da auch das Sujet jedes andere Sujet überragt. Das Sujet ist der Messias."[1]

So schreibt der Librettist des *Messiah*, Charles Jennens, an seinen Freund Edward Holdsworth am 10. Juli 1741 und legt damit den Ausgangspunkt für eines der erfolgreichsten und beliebtesten Oratorien der Musikgeschichte.

Der Librettist

Charles Jennens (1700–1773) war fünfzehn Jahre jünger als Händel, ein reicher Landedelmann, ein glühender Verehrer von Händels Musik und ein religiös engagierter Mann. Sein

Thomas Hudson (1701–1779), Porträt von Charles Jennens ca. 1744.

Charakter wurde sehr unterschiedlich beurteilt. Gegen die Anschuldigung, Jennens sei ein eingebildeter, eitler und ungebildeter Geck, verteidigte ihn ein anonym bleibender Leserbriefschreiber mit viel Engagement:

> „Wenn die Wahrheit Zugang zur Öffentlichkeit hätte, würde sie verkünden, dass er ein Mann von Geschmack und Bildung ist, von striktester Moral; und (...) dass er ein Verteidiger des Unglücklichen, ein Beschützer der Unschuld, ein Förderer der Künste, ein Schutzpatron des Lernens, ein großzügiger und versöhnlicher Feind und der zärtlichste und hingebungsvollste aller Freunde ist."[2]

Eines der Hauptargumente war für jenen Schreiber die Freundschaft und Zusammenarbeit Jennens' mit Händel und jene mit dem renommierten Altphilologen Edward Holdsworth:

> „Sein Musikgeschmack ist noch weniger zweifelhaft – die Zusammenstellung des *Messiah* wurde ihm immer zugeschrieben. Händel befragte ihn gewöhnlich; und bis zum Zeitpunkt seines Todes lebte er mit ihm in engster Freundschaft und Wertschätzung. Was seine Kenntnis der Poesie angeht, muss zuallererst das Testament von Mr. Holdsworth erwähnt werden. Dieser geniale Autor hinterließ Mr. Jennens seine überaus wertvollen ‚Anmerkungen zu Vergil', die vor Kurzem veröffentlicht und mit höchster Anerkennung aufgenommen wurden. Waren Händel oder Holdsworth so armselige und verachtenswerte/jämmerliche Männer, dass sie Weihrauch

am Altar der Ignoranz darbrächten? Wenn das Idol von Jennens' Herzen Lobhudelei wäre, ist es wahrscheinlich, dass er danach in der Unverblümtheit des einen oder in der edlen Würde des anderen gesucht hätte? Würde er es nicht (denn das Ohr der Schmeichelei ist selten nett) eher von irgendeinem schwachen Musiker oder schlechten Kritiker erwartet haben?"[3]

Drei Besonderheiten, die für das Verständnis des *Messiah* eine große Rolle spielen, sind von ihm zu berichten:
1) Jennens war ein leidenschaftlicher und wissensdurstiger Mensch. Seine Liebe zur Kunst jeden Genres lebte er mit Energie und Ehrgeiz. Er begeisterte sich für Gemälde und Skulpturen ebenso wie für die Dichtkunst von der Antike bis zur Gegenwart oder eben für Händels Musik. All das verfolgte er mit großer Hingabe: So besaß er eine der größten Gemäldesammlungen des Landes, versuchte sich selbst an einer kritischen Gesamtausgabe von Shakespeares Werken und drängte Händel zu musikalischen Œuvres. Seinem engen Freund Edward Holdsworth wiederum half er bei der Arbeit an Vergils Werken.
2) Jennens war ein Nonjuror („Nicht-Schwörer"). Das bedeutete, er gehörte zu einer Gruppe von Klerikern und Laien, die nach der „glorreichen Revolution" von 1688 an ihrem Treueeid für den gestürzten Stuart-König James II. festgehalten hatten und daher dem neuen Machthaber William III. und seiner Frau einen solchen Eid verweigert hatten. Da sich der Treueeid auch auf die Erben des früheren Königs erstreckte, fühlten sich die Nonjurors zu Jennens' Zeit immer noch daran gebunden. Damit lehnten sie

auch den regierenden König Georg I. ab und hielten weiter den exilierten Stuarts die Treue. Das hatte zur Folge, dass sie von allen öffentlichen Ämtern ausgeschlossen waren und große finanzielle Einbußen erlitten. Jennens selbst verfügte über genügend Mittel, nicht nur seinen eigenen Lebensunterhalt zu bestreiten, sondern auch zahlreiche weniger betuchte Nonjurors zu unterstützen. Auch in diesem Punkt zeichnete er sich durch sein großes Engagement aus. Sogar seine schärfsten Kritiker mussten das eingestehen.

> „Wir wollen aber Mr. Jennens' Vorzügen dort, wo wir glücklich genug sind, welche zu finden, Gerechtigkeit zuteilwerden lassen. Er war überaus großzügig zu jenen, die seiner Meinung nach Großzügigkeit verdienten. Der mittellose Nonjuror und der Nonkonformist baten nie vergeblich um Unterstützung."[4]

3) Auch religiös war Jennens ein eifriger und zielstrebiger Verfechter seiner Sache. Auf seinem Landsitz hatte er eine kleine Privatkapelle, in der er täglich Gottesdienste abhielt. Er engagierte sich besonders für die Mission und förderte mehrere Unternehmungen zur Verbreitung des Glaubens und zur Abwehr des Atheismus, etwa eine Missionsgemeinschaft, die „Society for the Propagation of the Gospel in Foreign Parts".

♃: Die Nonjurors waren aber nicht nur eine politische Gruppierung. Da einige berühmte Bischöfe durch ihre Weigerung, William den Treueeid zu leisten, ihre Bischofssitze verloren hatten, begannen Nonjurors ihre eigenen Bischöfe zu wählen und es entwickelte sich eine anglikanische Nebenlinie, die später als *high church* bezeichnet wurde.[5] Sie stand in einigen Details der katholischen Kirche näher als der protestantischen und wusste sich vor allem der theologischen und liturgischen Tradition verbunden. Da die anglikanische Kirche in dieser Zeit sich nach und nach mehr an den protestantischen Riten orientierte, vergrößerte sich die Kluft zu den Nonjurors, führte aber auch innerhalb der Gruppierung zu zeitweiligen Abspaltungen. Ein Teil der Nonjurors (die sogenannten „usagers") wollten in ihrer liturgischen Ausrichtung an die Clementinische Liturgie und die Apostolische Konstitution anknüpfen, zwei Schriften aus den ersten Jahrhunderten nach Christus. Vor allem die Frage, worin Christi Opfer sich in der Messe manifestierte, sorgte für unterschiedliche Ansichten. Die Usagers sahen die wahre Hingabe Christi nicht im Tod am Kreuz, sondern in der Eucharistie. Hier gab er seinen Leib und sein Blut hin, während er am Kreuz nur „hingeschlachtet" wurde. Wir werden sehen, dass diese Opfertheologie für das Libretto nicht unerheblich ist.

♩ Konkurrenz erstand der *high church* im damals sehr populären Deismus. Der Deismus vertrat einen konfessionsunabhängigen Glauben, der Gottes direktes Eingreifen in die Geschichte der Menschheit leugnete. Eine historisch-kritische Methode der Bibelauslegung verband sich mit einem Ruf nach Vorherrschaft der Vernunft. Wunder und Weissagungen wurden nur mit Skepsis betrachtet. Vor allem aber bezweifelte man die Menschwerdung des Gottessohnes und die Erfüllung der alttestamentlichen Prophezeiungen im Christusereignis. Für den Deismus nahm Gott nach der

Schöpfung der Welt keinen Anteil mehr am Geschehen auf Erden. Von daher glaubten sie auch nicht an Jesus als den von Gott gesandten Messias, sondern sahen ihn als gewöhnlichen Menschen an. Das verband den Deismus mit dem Judentum, das ja ebenfalls Jesus nicht als Messias anerkannte.

Der Komponist

Georg Friedrich Händel (1685–1759) war schon zu Lebzeiten einer der berühmtesten Komponisten des Barock. Er wirkte zunächst in seiner Heimatstadt Halle und Hamburg und schrieb vor allem Kantaten, bevor er sich in Hamburg und Italien (Rom, Florenz, Neapel) als Opernkomponist einen Namen machte. 1710 reiste er zum ersten Mal nach London, das spätestens ab 1712 seine neue berufliche Heimat wurde. Als erfolgreicher Opernunternehmer schrieb er vorerst nur selten und eher nebenbei einmal ein Oratorium. Erst als sein Opernunternehmen in London Bankrott machte und der Geschmack des englischen Publikums Alternativen zur italienischen Oper suchte, wandte er sich – eher der Not als der Neigung gehorchend – von der Oper ab und dem (englischsprachigen) Oratorium zu, das er maßgeblich formen sollte.

𝄢 Über Georg Friedrich Händels Einstellung zum Glauben ist wenig Gesichertes bekannt. Er war Lutheraner, wird aber oft als welterfahrener, wenig religiöser Mann dargestellt. Explizit geäußert hat Händel sich kaum zu seinem Glauben, zumindest haben wir darüber keine Nachricht.

Thomas Hudson (1701–1779), Porträt von Georg Friedrich Händel 1749.

EINFÜHRUNG

Biografisch gesehen war er zeit seines Lebens mit der Kirche verbunden. Seine Mutter war eine Pfarrerstochter. In Halle erhielt er mit 8 Jahren Orgel- und Kompositionsunterricht beim Kantor der lutherischen Marktkirche, Friedrich Wilhelm Zachow. Seine ersten Gottesdienste begleitete er vermutlich bereits in der Pubertät. Angeblich schrieb er in dieser Zeit jede Woche eine Kantate. Konfessionell gebunden fühlte er sich dabei aber offenkundig nicht. Er wirkte für calvinistische Glaubensflüchtlinge aus Frankreich, ließ sich aber in Rom auch von katholischen Bischöfen fördern und schrieb Sakralmusik für die katholische Kirche. Nach einem Intermezzo beim lutherischen Kurfürsten von Hannover ging er nach England und trat wie sein lutherischer Arbeitgeber, König Georg I., 1727 zum anglikanischen Glauben über. Dabei ließ er sich offenbar von der Geistlichkeit nicht allzu gerne etwas dreinreden. Sein Glauben war aber dennoch lutherisch geprägt. Das zeigt sich auch an seiner Bibelkenntnis. Ein berühmter von ihm kolportierter Ausspruch lautet: „I read my bible very well." Und nicht zuletzt hat er in späteren Jahren einmal den Wunsch geäußert, an einem Karfreitag zu sterben, angeblich, weil er seinen Gott und Erlöser am Tage seiner Auferstehung sehen wollte.[6] Falls das tatsächlich sein Wunsch gewesen war, dann wurde er erfüllt – zumindest beinahe. Händel starb am 14. April 1759, an einem Karsamstag.

🎵 Er schrieb einige biblische Oratorien und man kann aus seinen berührenden Kompositionen sehr wohl auch eine tiefe Frömmigkeit herauslesen. Gerade der *Messiah* wird vielfach als sein persönliches „Glaubensbekenntnis" angesehen.[7] Die belletristische Darstellung von Stefan Zweig in den „Sternstunden der Menschheit" über die Entstehung des *Messiah* darf in ihrer „Historizität" dennoch nicht überwertet werden. Und die romantische Legendenbildung, der zufolge der *Messiah* die Frucht einer Bekehrung nach einer schweren Lebenskrise gewesen sei, ist nicht haltbar. So habe er nach einem Kuraufenthalt, bei dem sich sein Befinden schlagartig verbesserte, das Gelübde abgelegt, ab nun nur noch Oratorien zu schreiben. Doch zwischen dem Kuraufenthalt und der Abkehr von der Oper lagen erstens vier Jahre, in denen Händel noch einige Opern schrieb, und zweitens permanente massive finanzielle Misserfolge in der Opernbranche. Es dürften also profanere Gründe zur Abkehr von der Oper geführt haben.

𝄢: Die Ineinandersetzung von persönlichen biografischen Details und kompositorischer Arbeit ist ein romantischer Gedanke. Doch wie wahrscheinlich ist es, dass Händel Texte, die er aus der Bibel sicher kannte (I read my bible very well) und in der Liturgie regelmäßig hörte, derart aufwühlend fand, dass ihm dadurch die Wende aus tiefster Lebenskrise zuteilwurde? Musikalische Inspiration, die jeder Komponist bei seiner Arbeit benötigt, wird hier zusammengeworfen mit religiöser Erleuchtungserfahrung. Auch dass Händel selbst bei der Komposition gesagt haben soll: „Ich glaubte den Himmel offen zu sehen und den lieben Gott selbst", ist nicht gesichert.[8]

𝄢: Wie dem auch sei: Eine Nähe Händels zum Glauben wird man ihm kaum absprechen dürfen, ungeachtet seines weltmännischen Auftretens. Wie tief dieser ging, lässt sich wie überall von außen nicht messen. Einen gewissen missionarischen Eifer kann man Händel in jedem Fall zugestehen. Denn auf die Gratulation eines Adeligen (Lord Kinnoul) zu der „außerordentlichen Unterhaltung" (on the excellent entertainment) bei der Aufführung des *Messiah* soll Händel geantwortet haben: „Mein Herr, es täte mir leid, wenn ich sie nur unterhalten hätte. Ich wollte sie zu besseren Menschen machen."[9]

Entstehung

> „Ich zeige Ihnen eine Sammlung, die ich Händel gab, genannt *Messiah*, die ich sehr schätze."[10]

Librettist und Komponist kannten sich spätestens seit 1735. Charles Jennens, als begeisterter Verfasser von Libretti, bot dem von ihm glühend verehrten Händel eines seiner Werke an, es war höchstwahrscheinlich das Libretto zum Oratorium „Saul". Infolge persönlicher Krisen und gesundheitlicher Probleme vertonte Händel das Libretto zwar erst Jahre später (1739), doch war der Grundstein für eine Zusammenarbeit gelegt. Jennens zeigte sich dabei nicht als schmeichelnder Fan, sondern forderte und drängte Händel immer wieder zu Höchstleistungen. Händel war in dieser künstlerischen Partnerschaft der Geniale, aber auch Flüchtige oder Träge, Jennens der Akribische und Kritische. Neben „Saul" verfasste Jennens auch den dritten Teil von „L'Allegro, il Penseroso ed il Moderato" (1740, die zwei ersten Teile sind nach John Milton) und „Belshazzar". Seine Verfasserschaft

Textbuch von 1743. Handel House Collections Trust London.

MESSIAH,
AN
ORATORIO.

Set to Musick by GEORGE-FREDERIC HANDEL, Esq;.

MAJORA CANAMUS.

And without Controversy, great is the Mystery of Godliness: God was manifested in the Flesh, justify'd by the Spirit, seen of Angels, preached among the Gentiles, believed on in the World, received up in Glory.

In whom are hid all the Treasures of Wisdom and Knowledge.

LONDON:
Printed and Sold by THO. WOOD in *Windmill-Court*, near *West-Smithfield*, and at the THEATRE in *Covent-Garden*. 1743.

[Price One Shilling.]

des Librettos zu „Israel in Egypt" wird zumindest diskutiert.

𝄢 Anfang der 1740er-Jahre erlebte Händel einen vorübergehenden Popularitätseinbruch. Intrigen und Anfeindungen bewirkten finanzielle und künstlerische Misserfolge und führten Händel in eine Phase der Resignation. Es war Jennens, der ihn offenbar aus dieser Phase aufzurütteln versuchte und ihn für sein neues Libretto begeistern wollte. Den Ausschlag zur Komposition des *Messiah* gab aber der Vizekönig von Irland, der Händel anbot, in Dublin zwischen November 1741 und Sommer 1742 einige Konzerte zu veranstalten. Händel nahm an und vertonte Jennens' Bibelstellensammlung innerhalb von 24 Tagen, vom 22. August bis zum 14. September 1741.

𝄢 Die Uraufführung des Werkes fand am 13. April 1742 in Dublin als Benefizkonzert statt und war ein überaus großer Erfolg. Händel wurde begeistert gerühmt. Das Oratorium wurde als „feinste Komposition, die je gehört wurde" gepriesen. Die Presse war euphorisch: „Das Erhabene, Glanzvolle und Empfindsame, den hochstehendsten, majestätischesten und bewegendsten aller Worte nur zu angemessen, fügten sich zusammen, um das verzückte Herz und Ohr hinzureißen und zu verzaubern."[11] Neben vielen anderen zeigte sich auch der Bischof von Elphin von dem Werk angetan. Händel habe sich damit selbst übertroffen.[12]

𝄢 Die Erstaufführung in London fand erst am 23. März 1743 im Covent Garden Theatre statt, in Anwesenheit von Georg II. Die Tradition, beim großen Halleluja-Chor am Ende des zweiten Teils des Oratoriums aufzustehen, wird auf ihn zurückgeführt. Angeblich erhob sich der König bei den

Worten „King of Kings", um damit anzudeuten, dass er Christus als wahren König anerkenne. Das Werk wurde jedoch im Gegensatz zur triumphalen Uraufführung in Dublin in London nur zögerlich angenommen. Einerseits wurden nationalistische Vorbehalte gegen Händel laut, da Gerüchte kursierten, Händel wolle wieder nach Deutschland zurückkehren.

🙂 Andererseits gab es im Vorfeld eine hitzige religiöse Diskussion, ob ein Werk wie der *Messiah* in einem Theater aufgeführt werden dürfe. In einem „Leserbrief" stand zu lesen: „An oratorio either is an act of religion or it is not; if it is, I ask if the playhouse is a fit temple to perform it in, or a company of players ... fit ministers of God's Word?"[13] Insgesamt war aber die Aufnahme freundlich, wenn auch nicht euphorisch. Im Nachhinein schrieb Jennens an Holdsworth: „Gestern Abend wurde der *Messiah* gegeben, und morgen wird er noch einmal aufgeführt – übrigens ungeachtet des dagegen erhobenen Geschreis, das lediglich bewirkt hat, dass das Oratorium ohne seinen Titel angezeigt wurde; eine Farce."[14]

Weitere Aufführungen des *Messiah* fanden 1745 (im King's Theatre) sowie 1749 und 1750 (Covent Garden Theatre) statt, wiederum ohne nachhaltig Eindruck zu machen. Erst am 1. Mai 1750 sollte sich das Werk endgültig durchsetzen. Bezeichnenderweise stellte sich der Erfolg mit einer Aufführung in einem kirchlichen Raum ein: Das „Foundling Hospital", eine Einrichtung zugunsten von Findelkindern, engagierte Händel anlässlich der Einweihungsfeier für die Orgel der neu errichteten Kapelle und dieser erzielte in die-

N B Every Ticket will admit either one Gentleman, or Two Ladies.

COVENT-GARDEN.
By SUBSCRIPTION.
The Ninth Night.

AT the Theatre-Royal in Covent-Garden, Wednesday next, will be perform'd

A NEW SACRED ORATORIO.

A CONCERTO on the ORGAN,
And a Solo on the Violin by Mr. DUBOURG.

Tickets will be deliver'd to Subscribers on Tuesday next, at Mr. Handel's House in Brook-street.

Pit and Boxes to be put together, and no Person to be admitted without Tickets, which will be deliver'd that Day, at the Office in Covent-Garden Theatre, at Half a Guinea each. First Gallery 5 s. Upper Gallery 3 s. 6 d.

The Galleries will be open'd at Four o'Clock. Pit and Boxes at Five.

For the Benefit and Increase of a FUND *established for the Support of Decay'd* MUSICIANS, *or their Families.*

sem Rahmen den längst verdienten Triumph, der das Werk von da an nicht mehr verlassen sollte. Die Aufführung im Foundling Hospital wurde zu einer jährlichen Tradition in der Fastenzeit und auch im Covent Garden Theatre fanden noch einige Aufführungen zu Lebzeiten Händels statt. In Dublin wiederum entstand die Tradition, das Werk vor Weihnachten aufzuführen. Nach Händels Tod wurde *Messiah* zum Klassiker für Händel-Gedächtnisfeiern und zum Liebling der Laienchöre. Entscheidenden Anteil daran hatte die mit dem *Messiah* einsetzende Praxis, für Chöre Klavierauszüge herzustellen.

𝄢 Ab 1768 begann der Siegeszug des Oratoriums über England hinaus.[15] In Deutschland leitete Carl Philipp Emanuel Bach in Hamburg die erste Aufführung in deutscher Sprache. Die Übersetzung des Werkes verfasste kein Geringerer als Friedrich Gottlieb Klopstock, der schon zuvor ein eigenes weithin bekanntes, allerdings schwer vertonbares Versepos zum selben Thema gedichtet hatte. Überhaupt gab es mancherorts einen regelrechten *Messiah*-Hype. Der Bibeltext des Librettos erleichterte die Übersetzung in andere Sprachen, darunter deutsch, schwedisch und sogar lateinisch. Deutsche Übersetzungen verfertigten unter anderem auch Johann Adam Hiller oder Johann Gottfried Herder. Letzterer sah in *Messiah* ein Ideal, ja den Inbegriff an Kirchenmusik.[16] Im Laufe der Zeit wurden die Orchester größer, die Zahl der Mitwirkenden stieg mehr und mehr an. *Messiah* wurde zum Monumentalwerk. Durch den Diplomaten und Kunstmäzen Baron Gottfried Bernhard van Swieten lernte

Ankündigung Covent Garden „A sacred oratorio" 1742.

W. A. Mozart das Werk kennen. Er bearbeitete das Werk für Aufführungen in Wien grundlegend, verstärkte das Orchester durch Flöten, Oboen, Klarinetten, Hörner und Fagotte und veränderte auch teilweise den Tonsatz. Die Fassung Mozarts sollte über hundert Jahre lang die verbindliche Version des Oratoriums im deutschen Sprachraum bleiben und wurde auch noch im 20. Jahrhundert in deutschsprachigen Einspielungen verwendet.

𝄢 Im deutschsprachigen Raum hat der *Messiah* bis heute einen festen Platz in der Vorweihnachtszeit und ist aus dem Repertoire von Chorvereinigungen nicht wegzudenken.

II. Der *Messiah* als christologischer Hymnus

Was ist das Ziel des *Messiah*? Warum war Jennens der Meinung, das Sujet des Librettos „übertrifft jedes andere Sujet", wie er in einem Brief schrieb? Offenbar legte Jennens seinen gesamten Ehrgeiz und seine ganze Glaubensüberzeugung in dieses Werk. Er, der sich so sehr für die Mission begeisterte, wollte damit ein missionarisches Oeuvre schaffen. Das Evangelium, die frohe Botschaft von Jesus Christus, sollte durch die Musik des großen Georg Friedrich Händel allen Zuhörenden ins Herz gepflanzt werden.

Keine dramatische „Handlung"

Das Oratorium *Messiah* unterscheidet sich in einigen zentralen Punkten von anderen Oratorien. Zunächst einmal gibt es *keine Handlung im dramatischen Sinn*. Nicht die Erzählung von Leben und Tod des Jesus von Nazaret ist das Thema des Werkes, wie es später oft in pietistischen Oratorien geschieht. Der Name „Jesus" fällt nur ein einziges Mal. Personen seines Umfeldes werden gar nicht erwähnt. Weder Maria noch Josef, Herodes, Johannes der Täufer oder irgendeiner der Jünger werden namentlich genannt. Daher

„verkörpern" die Gesangspartien auch keine Personen. Sie sind nicht einmal als Erzengel erkennbar, wie etwa später in Haydns Schöpfung. Das Oratorium enthält auch keine dramatisierte Passionsgeschichte wie bei J. S. Bach. Es fällt auf, dass sich das Werk ganz generell nicht allzu viel bei Details der Christusbiografie aufhält. Weder bei seinem Wirken in der Welt, noch bei den Umständen seiner Passion, seiner Grablegung, seiner Auferstehung und seiner Himmelfahrt. Das ist umso mehr überraschend, als sich gerade die musikalische Aufbereitung besonders gut für die lebendige Veranschaulichung von biblischen Erzählungen eignet. Jesu Gefühle, die Reaktion der anderen, seine Gedanken musikalisch darzustellen, ist ein sehr beliebtes Unterfangen in pietistischen Oratorien geworden.

𝄢 Das Libretto des *Messiah* dagegen erzählt keine Geschichte, sondern verkündet. Es verzichtet auf alle persönlichen Einblicke in das Leben des Jesus von Nazaret. Damit rückt das Werk gleichzeitig stark in die Nähe eines Glaubensbekenntnisses. Auch dort wird das Leben Jesu so gut wie ausgespart. Nach dem „geboren von" geht der Text unverzüglich über zu einem „gelitten unter" und weiter zu Tod und Auferstehung.

𝄢 Die Evangelien, die ja Erzähltexte von Jesu Leben und Tod sowie seiner Auferstehung sind, werden daher nur sehr selten zitiert. Das Libretto des *Messiah* ist ein Bekenntnistext, genauer gesagt, ein christologisches Manifest.

Ausschließlich Bibeltexte

Aus dem „beweisenden" und bestätigenden Charakter des Werkes heraus erklärt sich problemlos, warum sich der *Messiah rein aus Texten der Bibel* speist. Texte der Tradition, eigene Texte oder poetische Weiterführungen sind, anders als in anderen Libretti, nicht vertreten. Das ist vor allem im evangelischen (lutherischen) Oratorium keine Seltenheit. Während das katholische Oratorium häufiger vom Bibeltext abweicht und in eigenen Worten die Handlung nacherzählt, behält das protestantische Oratorium die Nähe zur Bibel bei. Dabei verfährt es jedoch häufig collageartig. Die Texte können, müssen aber nicht einem Kontext oder einem Buch fortlaufend entstammen, im Gegenteil: Manchmal folgt die Handlung nicht der biblischen Vorlage, sondern entsteht erst aus der kreativen Zusammenstellung disparater Bibeltexte.

𝄢 Der *Messiah* stellt hier eine Mittelposition dar. Immer wieder bestehen aufeinanderfolgende Musiknummern aus fortlaufenden Bibeltexten, daneben finden sich aber auch Abschnitte, wo größere Wechsel vorherrschen. Der Bibeltext wird keiner Handlung unterworfen, wohl aber einem Argumentationsgang.

Zitierte biblische Bücher
Altes Testament

Von den 39 Büchern des *Alten Testaments* (der anglikanischen Bibel) werden im Libretto lediglich sieben zitiert. Wie schon im Neuen Testament selbst, so ist für die Deutung Jesu als „Christus" insbesondere das Jesajabuch zentral. Schon der Kirchenvater Augustinus hat im 4. Jh. n.

Chr. als neu zum Christentum Bekehrter die Leseempfehlung erhalten:

> Dann teilte ich deinem Bischofe, dem heiligmäßigen Ambrosius, brieflich (...) meinen gegenwärtigen Wunsch mit, damit er mir einen guten Rat gebe, was ich zuallererst von deinen Schriften lesen müsse, um immer geeigneter und würdiger zu werden für die große Gnade, die ich empfangen sollte. Er nun hieß mich, den Propheten Jesaias zu lesen, vermutlich deshalb, weil er vor allen anderen am deutlichsten das Evangelium und die Berufung der Heiden geweissagt hat (Conf. 9,5).

In 16 Musiknummern finden sich Texte aus diesem Buch, und das wiederum nur aus wenigen Kapiteln: Jes 7; 9; 35; 40; 50; 52; 53; 60. Während Jes 7 nur indirekt eine Rolle spielt, weil Matthäus daraus in der Geburtsankündigung des Engels an Maria zitiert, ist im ersten Teil vor allem Jes 40, im zweiten Teil das vierte Lied vom Gottesknecht Jes 52,13–53,12 leitender Text. Neben Jesaja kommen 3 der 12 „kleinen" Propheten zu Wort („klein" nicht im Sinne von „klein an Bedeutung", sondern „klein an Textumfang"): nämlich die Propheten Haggai, Sacharja und Maleachi. Mit Ausnahme von Ijob 19, einem schon früh auf Christus hin verstandenen Text, sowie Klgl 1,12 finden sich ansonsten nur noch Texte aus dem Psalter, genauer: Verse aus den Psalmen 2; 16; 19; 22; 24; 68 und 69. Die Auswahl spiegelt übrigens ziemlich gut die Verwendung des Alten Testaments im Neuen: Auch dort werden Jesaja und die Psalmen besonders häufig zitiert.

♪: Doch es gibt auch Unterschiede: Im Libretto von Jennens ist ein wichtiger Teil des Alten Testaments ausgespart: die Tora – die fünf Bücher Mose. Das überrascht schon deshalb, weil sowohl im Neuen Testament als auch in der frühchristlichen Apologetik, als auch in den im 18. Jh. modernen Werken von Kidder u. a. sehr häufig auf diese Texte zurückgegriffen wurde. Sogar zentrale Schrifttexte, die fast standardmäßig als „Messias-Beweise" gebraucht wurden, werden im Libretto systematisch ausgeblendet. Zum Beispiel fehlt Num 24 („Ein Stern wird aufgehen in Jakob" – vgl. den Stern im Kindheitsevangelium des Matthäus, dem die Magier aus dem Osten folgen); Dtn 18 (die Prophezeiung eines großen Propheten nach Mose) oder Gen 49,10 (der Jakobssegen, der in der Deutung des 18. Jahrhunderts von der Zerstörung des jüdischen Staatswesens sprach, vgl. Kidder 17). Die drei Stellen haben etwas gemeinsam: Sie sind Texte, die mit dem Judentum eng zusammenhängen, mit Mose, mit Israel, mit Jakob; und sie sind Texte, die judenfeindlich ausgelegt wurden. Dass sie bei Jennens fehlen, zeigt, dass es ihm wohl nicht darum ging, Juden anzugreifen.

♪: Es fällt auf, dass sich das Libretto vom stark alttestamentlich geprägten ersten Teil zu einem beinahe ausschließlich neutestamentlich ausgerichteten 3. Teil entwickelt. Die Gründe dafür werden später behandelt.

Neues Testament

Das Libretto zitiert vom *Neuen Testament* außer der Geburtsankündigung Mt 1,23 / Jes 7,14 keinen Text aus dem Kindheitsevangelium des Matthäus, sondern schildert die Geburt Jesu mit einer längeren Passage aus dem Lukasevangelium

(Lk 2,8–14). Das Markusevangelium wird nicht verwendet, Texte aus Matthäus (11,28–30) und Johannes (1,29) sind eher selten, wenn auch an bedeutsamen Stellen des Librettos, während das Hauptgewicht auf den Paulusbriefen und der Offenbarung des Johannes liegen (Röm 8,31–35; 10,15; 1 Kor 15, 21–22; 51–57; Hebr 1,5–6; Offb 5; 19).

Die Verflochtenheit der alt- und neutestamentlichen Bibeltexte
Eine weitere Besonderheit des Librettos ist, dass die zitierten alttestamentlichen Texte durchwegs im Neuen Testament wieder aufgenommen sind und die zitierten neutestamentlichen Texte auf alttestamentliche Texte anspielen. Die Verflochtenheit der alt- und neutestamentlichen Bibeltexte lässt sich also im *Messiah*-Libretto sehr schön zeigen. Die in Nr. 34–35 zitierten Verse 15 (und 18) aus dem 10. Kapitel des Römerbriefes zum Beispiel sind Zitate aus dem Alten Testament, die Paulus dann weiterführt: Röm 10,15 zitiert Jes 52,7, Röm 10,18 verweist auf Ps 19,5. 1 Kor 15,55 wiederum ist ein Zitat aus Hosea 13,14 (allerdings in einer Mischform aus hebräischer Bibel und griechischer Übersetzung). Auch die Lukaspassagen aus Kapitel 2 haben alttestamentliche Wurzeln. Das bedeutet, dass im Neuen Testament die zentralen christlichen Glaubensinhalte aus der „Schrift", also dem Alten Testament, erschlossen werden.

꙳ Paulus sieht ebenso wie Matthäus oder Lukas die Entfaltung des christlichen Glaubens als Weiterbedenken der Schrift aus der Perspektive des Christusereignisses. Damit sind auch die neutestamentlichen Texte auf das Engste mit den alttestamentlichen Texten verbunden. Jes 40,1–5.9 wurde wohl deswegen ausgewählt, weil diese Texte in Lk

2,25 und Joh 1,23 wieder aufgenommen werden. Jes 9,1–9 wird durch Lk 2,8–15 entfaltet.

Ausschließlich liturgisch zentrale Texte

Die Verflochtenheit der beiden Testamente zeigt sich auch in der Leseordnung des Gottesdienstes. Und diese wiederum diente Jennens als Inspirationsquelle. Er verwendet, angelehnt an das Book of Common Prayer, ausschließlich Texte, die liturgisch wichtig sind. Die Tabelle im Anhang zeigt, dass er sich dabei nicht nur an den zentralen Texten, sondern auch am kirchlichen Jahreslauf orientiert. Die ersten Texte entstammen dem Umfeld von Advent und Weihnachten, der letzte Text des zweiten Teiles wird zu Allerheiligen gelesen.

𝄢 Jennens bedient sich, wie schon gesagt, nur solcher Texte, die in beiden Testamenten eine Rolle spielen. Das ergibt sich einerseits aus der liturgischen Verwendung, die ja ebenfalls alt- und neutestamentliche Texte aufeinander abstimmt, andererseits aber zeichnet das Libretto so den neutestamentlichen Erkenntnisweg nach, der im Alten Testament Texte gefunden hat, die genau auf diesen Jesus von Nazaret hinzuweisen schienen und ihn als den Messias auswiesen.

𝄢 Damit stellt es sich in die Schriftauslegungspraxis des Neuen Testaments und des frühen Christentums und wird auch dem Ziel des Werkes gerecht, Jesus als den Messias aufzuweisen, der im Alten Testament verkündet und im Neuen Testament entfaltet wird.

Exkurs:
Messiaserwartung und „Schriftbeweis" des Alten Testaments

Messias – der Gesalbte
Das griechische Wort „Christus" ist die Übersetzung des hebräischen „meschi'ach" und bedeutet „der Gesalbte". Gesalbt wurden im Alten Testament Könige (Saul, David) oder Hohepriester. Die Salbung führte ein Prophet aus, der dabei im Auftrag Gottes handelte. Ein Gesalbter war ein von Gott Auserwählter. Lange Zeit gab es in Israel die Erwartung, dass die Nachkommen Davids als „Gesalbte" Gottes ununterbrochen über Israel herrschen würden. Im Babylonischen Exil brach diese Hoffnung zusammen. Nach dem Exil und einige enttäuschende Fremdherrschaften später richtete sich die Erwartung einiger Gruppierungen auf eine endzeitliche Wiederaufrichtung eines dravidischen Königtums und auf einen heilbringenden Messias, den endgültigen Gesalbten Gottes. Einige Prophetentexte und Psalmen wurden in diesem Sinne neu und messianisch gelesen. Doch muss man dazu betonen, dass die Erwartung eines endzeitlichen Messias' nicht allein dastand, im Gegenteil.

Vielfältige Messiaserwartungen
Es gibt Texte im Alten Testament, die von mehreren messianischen Gestalten sprechen, die in der gängigen Aufgabenteilung Priester – Prophet – König nebeneinander das Volk führen würden. Andere hoffen darauf, dass Gott selbst seine Königsherrschaft antreten werde. Und dann gibt es auch welche, die sich die Zukunft nur als Abbruch der Ge-

schichte und völligen Neubeginn vorstellen können und in dramatischen apokalyptischen Bildern das Ende und die Neuschöpfung der Erde schildern.

☧ Allen gemeinsam ist der Glaube, dass die Heilszeit nicht schleichend und unbemerkt kommen wird. Zuvor ist mit großen Erschütterungen zu rechnen. Zeichen am Himmel und Umbrüche auf Erden gehen der Zeit voraus.

☧ Auch Gottes strenges Gericht am Ende der Zeiten wird zugleich befürchtet und ersehnt. Die Gerechtigkeit, die auf Erden so oft verborgen bleibt, wird dann endlich eintreten. Trotz aller Schrecken ist die Rede von der neuen Zeit eine gute Nachricht. Not und Umbrüche sind nur eine Übergangserscheinung. Zuletzt wird das Heil aufleuchten.

☧ Das Alte Testament denkt dabei an einigen Stellen universalistisch: Das Heil wird für alle aufstrahlen, alle werden es sehen. Alle Völker werden zu Gottes heiligem Berg kommen und Friede wird sein.

Jesus – der Messias

Die Evangelien berichten nun von einem Mann namens Jesus, dessen Leben und dessen Umstände seines Todes viele Gemeinsamkeiten mit Texten über einen Messias aus dem „Haus Davids" aufwiesen. Die frühen Christen bedienten sich daher schon sehr bald der entsprechenden Stellen, um das Geschehen, das sie durch Jesu Leben und Tod, Auferstehung und Himmelfahrt erfahren hatten, besser zu verstehen und zu deuten. Die Texte des Alten Testaments, ihrer heiligen Schrift, wurden für die Verfasser der Evangelien zu Beweisen, dass der, an den sie glaubten, tatsächlich der in den Schriften verkündete endzeitliche Messias sei. Die frühe Kirche las immer mehr das Alte Testament mit den Augen des Neuen Testaments und verstand umgekehrt durch das Alte Testament immer tiefer das Geheimnis ihres Gesalbten. Das war auch der Grund, warum sich die Kirche bei aller Abgrenzung vom synagogalen Judentum nie vom Alten Testament trennte. Hieronymus schließlich brachte das Verhältnis der beiden Testamente auf den Punkt: Die Schriften [des Alten Testaments] nicht kennen heißt Christus nicht kennen.

☞ Um den Messias als Messias zu erkennen, braucht es die Grundlage der alttestamentlichen Schriften. Die Verflochtenheit von Altem und Neuem Testament ist daher nicht nur im Neuen Testament selbst, sondern auch in jeder christlichen Liturgie greifbar. Die Leseordnungen des frühen Christentums wie auch die modernen Leseordnungen lesen alt- und neutestamentliche Texte immer aufeinander bezogen. Dieser gebräuchlichen Leseordnung mit ihrer Christologie bedient sich Jennens, wenn er sein Bekenntnis vorbringt.

Umdenken nach dem Holocaust

Moderne Exegeten könnten eine Lehre des Christentums mit „Schriftbeweisen" aus dem AT nicht mehr schreiben. Spätestens nach den Geschehnissen des Zweiten Weltkriegs hat sich die Erkenntnis durchgesetzt, dass das Verhältnis zum Judentum neu bedacht werden muss. Die Abgrenzung der beiden religiösen Ausrichtungen voneinander hatte über die Jahrhunderte die Ansicht gefestigt, dass es sich bei Judentum und Christentum um zwei gänzlich unterschiedliche Religionen handele, und hatte zu Feindschaft, Polemik, und einer unsäglichen gesellschaftlichen und politischen Verfolgung des Judentums geführt. Nun wurde in mehreren kirchlichen Schriften betont, dass das Christentum und das Judentum Geschwister seien, mit gemeinsamen Wurzeln, und dass beide unabhängig voneinander existieren dürften und sollten. Das Verständnis des Alten Testaments, das Christen von Anfang an auf Christus bezogen hatten, musste daher auch neu überdacht werden. Man konnte und durfte den Juden nicht mehr wie zuvor vorwerfen, sie verstünden ihre eigenen Schriften nicht, wenn sie daraus nicht Jesus als den Christus erkannten. Das Alte Testament hat auch seinen Eigenwert und seine historische „Ursprungsbedeutung" und ist erst später auf Jesus hin gedeutet worden. Von daher wird heutzutage kein Alttestamentler und keine Alttestamentlerin mehr das Erste Testament als „Beweis" für Jesu Messianität verwenden.

۹ Im Neuen Testament wird das Wirken und das Wesen Jesu bedacht. Dieser Jude namens Jesus, der in Galiläa wirkte und so viel über ein richtiges Verständnis der „Schrift" zu sagen hatte (die selbstverständlich unser heutiges Altes Testament war), begeisterte viele Menschen. Diese Menschen sahen in ihm etwas Besonderes, Nie-Dagewesenes. Sein Handeln, seine Lehren und vor allem die Umstände seines Todes und die erstaunlichen Ereignisse danach (einfache Fischer können sich dem Nationengemisch in Jerusalem verständlich machen und bewirken ein rapides Ausbreiten eines Glaubens an einen schmachvoll Gekreuzigten) wurden reflektiert. Um das Neue besser zu begreifen, suchte man in den Heiligen Schriften nach Anhaltspunkten, wie dieser Mensch zu beurteilen sei. Die Schriftlektüre geschah also bereits mit den Augen der Liebe und des Glaubens zu diesem Jesus. Und diese Augen der Liebe und des Glaubens fanden in den Schriften einige Texte, die sich genau auf Jesus hin verstehen ließen, und erzeugten in ihnen ein Bild eines messianischen Heilandes.

☙: Nebenbei bemerkt: Die Frage, ob Jesus selbst sich als der Messias verstanden hat und wie die ihm in den Mund gelegten diesbezüglichen Worte historisch zu beurteilen seien, ist in der Forschung heiß umstritten und kann hier nicht nachgezeichnet werden.

☙: Die Apologie geht genau umgekehrt vor: Sie fragt nicht danach, wer dieser geliebte, geglaubte Jesus ist, und liest so die Schrift, sondern sie nimmt die Schrift und versucht andere Menschen, die diesen Jesus weder lieben noch an ihn glauben, von ihrem Glauben zu überzeugen, indem sie ihre eigene Deutung als die einzig gültige Deutung, ja als Beweis, darstellt. Darin besteht die Problematik. Die Texte des Alten Testaments sind wie alle Texte mehrdeutig und können unterschiedlich verstanden werden. Einige (bei Weitem nicht alle!) Texte sind offen auf eine zukünftige Begebenheit, ja auf eine messianische Gestalt. Sie schließen daher eine Deutung auf Jesus hin nicht aus. Keineswegs wurden sie jedoch historisch so verstanden. Prophetische Texte und Psalmen sind einerseits in einer konkreten historischen Situation gesprochen, weisen aber gleichzeitig über diese hinaus. Sie sind häufig schon im Alten Testament selbst wieder aufgenommen und auf andere Ereignisse hin aktualisiert worden. Es ist daher wichtig zu sehen, dass die Behauptung, man *müsse* die Texte auf Jesus hin lesen, ebenso verfehlt und abzulehnen ist wie die Behauptung, man dürfe die Texte *auf keinen Fall* aktualisierend (nicht von ihrer Ursprungsbedeutung her!) mit Jesus in Verbindung bringen – denn damit würde man das gesamte Neue Testament ablehnen. Judentum und Christentum haben eine unterschiedliche, gleichberechtigte Lesart des Alten Testaments. Niemand darf dem anderen vorwerfen, er hätte seine Schrift nicht verstanden.

Gegen oder für wen ist der Messiah?
Die Einsicht, dass die biblische Schriftauslegungspraxis und die frühchristliche „Argumentation" dem Werk zugrunde gelegt wird, hat manchmal zum Verdacht geführt, dass Jennens sein Werk gegen Menschen geschrieben habe, die sich zumindest theoretisch von Schriftbeweisen überzeugen lassen könnten, also gegen Juden. (Zum Vergleich: Apologien gegenüber Gnostikern, die ja das Alte Testament insgesamt verwarfen, argumentierten niemals mit Schriftbeweisen, sondern prangerten die moralischen Gräueltaten der Andersdenkenden an. Hier galt es, die höhere Moral des Christentums zu „beweisen" und dadurch zu überzeugen.) Andere sagen dem Werk eine Stoßrichtung gegen den Deismus nach, der ja einen in die Geschichte eingreifenden Gott ablehnt.

🎵 Doch scheint mir fraglich, ob der *Messiah* tatsächlich primär „gegen" jemanden geschrieben wurde. Im Vergleich mit anderen Werken fehlt jede Polemik und jeder direkte Angriff gegen andere Glaubensgruppen. Ich möchte daher dafür plädieren, das Werk als „für", nicht als „gegen" etwas gerichtet zu verstehen. Sowohl im Text als auch in der

Musik herrscht ein freudiger, werbender, einladender und hymnischer Ton vor.

♪ Der *Messiah* ist ein Bekenntnistext, in erster Linie als Selbstvergewisserung nach innen und „Werbetext" nach außen konzipiert. Die Vorzüge und Wohltaten des Christentums stehen im Vordergrund. Darunter fällt auch, dass Gott mächtiger ist als seine Feinde. Wer diese Feinde von außen sind, ist dabei nur von sekundärem Interesse, im Grunde alle, die den christlichen Gott und seinen Messias bekämpfen. Dass sich daher Deisten ebenso wie Juden, Agnostiker oder einfach Synkretisten (die sich aus mehreren Religionen ihre Religion zusammenfügen) angesprochen fühlen könnten und dass zwischen den „Gegnern" nicht sensibel differenziert wird, dürfte einsichtig sein.

♪ Gegenüber vergleichbaren Texten fällt jedoch auf, dass nur in einem einzigen Vers von einer Vernichtung der Feinde gesprochen wird (Ps 2,9) und am Ende des Oratoriums nur noch von einem Ende gegnerischer Anfeindungen. Der eigene Schutz steht im Vordergrund, nicht die Verdammnis anderer.

♪ Die „Schriftbeweise" dienen nicht wie in manchen anderen Werken zur Herabwürdigung anderer, sondern werden herangezogen als Selbstvergewisserung und Aufweis der Vernünftigkeit des eigenen Glaubens. Der *Messiah* ist ein „Credo" und keine Hetzschrift. Er ist Hymnus mehr als Traktat. Er bleibt nicht in der Dunkelheit stehen und er bleibt nicht, wie viele andere zu Jennens' und zu allen Zeiten, in der Polemik stecken. Er ist ein Glaubensmanifest, ein selbstbewusstes, freudiges Bekenntnis des christlichen Glaubens. Er vernetzt und bietet eine Gesamtschau dieses christlichen Glaubens (sozusagen ein „best of"). Er ist Liturgie und daher selbstverständlich von den Spitzentexten der eigenen Liturgie und dem eigenen Glaubensbekenntnis geprägt. Der christliche Glaube soll so als offenbarter Glaube UND als vernünftiger (durch Argumentation nachvollziehbarer) Glaube erwiesen werden.

Vorlagen für den Messiah

> „Es heißt, er habe die Worte für manche Oratorien Händels verfasst, vor allem jene für den *Messiah*; eine leichte Aufgabe, denn es handelt sich nur um eine Auswahl an Bibelversen."[17]

„[E]ine leichte Aufgabe" sei es – so hat man Charles Jennens vorgeworfen: Ein Libretto zusammenzustellen, das nur aus Bibelversen besteht, hielt einer seiner Kritiker für billige Kunst. Doch der *Messiah* ist bei näherem Hinsehen ein äußerst kunstvolles Geflecht an Texten, das in seinem Aufbau Christologie, Kirche und Liturgie in faszinierender Verdichtung verknüpft.

♪: Die Auswahl der Bibeltexte lässt sich auf drei Ebenen interpretieren:

1) *Inhaltlich* richtet sich das Werk an den beiden wichtigsten Glaubensbekenntnissen der Anglikanischen Kirche aus: Das nizäno-konstantinopolitanische Glaubensbekenntnis scheint bei der Zusammenstellung der ersten beiden Teile Pate gestanden zu haben. Der dritte Teil des Oratoriums hat Anklänge an das athanasische Glaubensbekenntnis.

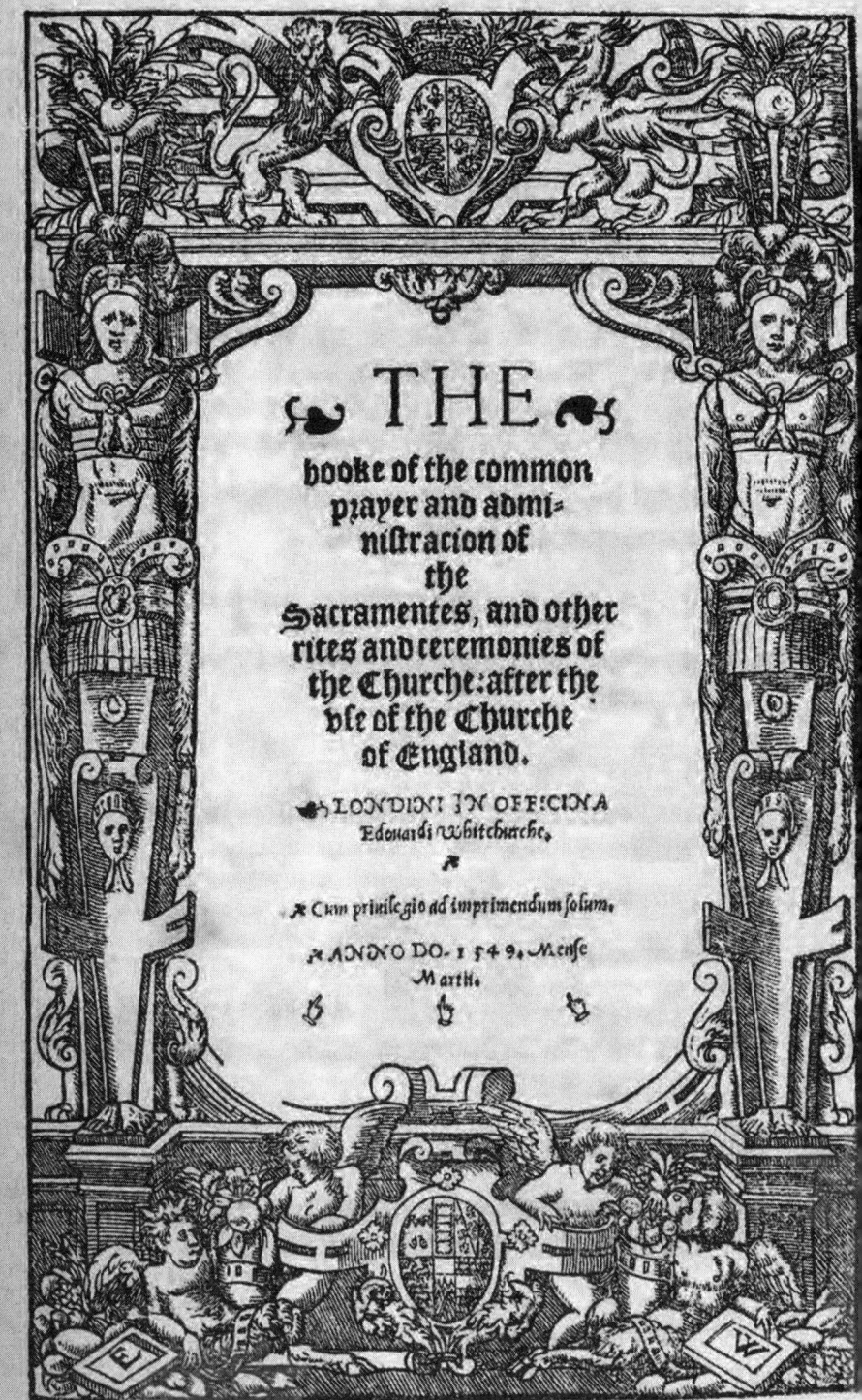

2) *Strukturell* orientiert sich *Messiah* an den frühchristlichen Glaubensverteidigungsschriften, an Texten, die den noch jungen Glauben beschreiben und verteidigen wollten.

2) Die *Auswahl* der dazu passenden Texte folgt daneben auch den üblichen Leseordnungen im Laufe des Kirchenjahres: Der *Messiah* beginnt im Advent und endet mit Versen aus der Allerheiligenliturgie.

4) Nicht zuletzt weist das Werk auch einige liturgische Aspekte auf, vor allem Anklänge an eine ganz bestimmte Gottesdienstordnung: an die Messliturgie, wie sie im Book of Common Prayer von 1549 vorgesehen ist.

Das Book of Common Prayer

Das „Book of Common Prayer" (BCP) ist die wichtigste Vorlage für Jennens' Libretto. Es lohnt sich daher, sich ein wenig damit zu befassen:

🙵 Für die Entwicklung und das Selbstverständnis der anglikanischen Kirche spielt das Book of Common Prayer eine nicht zu unterschätzende Rolle. Es ist Gebetbuch, Katechismus und Gottesdienstordnung in einem. Es war zudem das erste englischsprachige Gebetbuch, das eine vollständige Gottesdienstordnung für Sonn- und Werktage enthielt. An den zahlreichen Revisionen des Buches in seiner Anfangszeit lässt sich auch das Ringen um die Ausrichtung der noch jungen Kirche ablesen. Die erste Fassung dieses Buches wurde 1549 von König Edward VI. approbiert. Sie brachte zwar einige wenige liturgische Reformen, blieb aber im Großen und Ganzen noch der katholischen Messordnung

Book of Comon Prayer von 1549.

treu. Bereits drei Jahre später gab es eine Revision, noch zu Lebzeiten, aber knapp vor dem Tod des Königs. Die stärker werdenden protestantischen Kräfte in der Kirche warfen der Erstfassung eine zu große Nähe zur katholischen Kirche vor. Man wollte sich deutlicher abgrenzen und in Richtung der reformierten Konfessionen blicken. Die Neufassung war daher auch bei „konservativeren" Kreisen und Nonjurors sehr umstritten. Unter Maria Tudor erfolgte ein Schwenk zurück zum Katholizismus, bevor sich mit Elisabeth I. wieder eine Hinwendung zum Protestantismus ereignete. Das Book of Common Prayer wurde 1559 für verbindlich erklärt und setzte sich in seiner Fassung von 1662 dann endgültig durch.

𝄢 Jennens, als Nonjuror und damit Anhänger der *high church*, ließ sich für sein Libretto vor allem vom Book of Common Prayer in der ersten Fassung von 1549 inspirieren und erst in zweiter Linie von der damals aktuellen Version von 1662. Die „katholischere" Fassung von 1549 galt für Nonjurors und Anhänger der *high church* als bindender als die bearbeitete neuere Version.[18]

Leseordnung
Im Libretto lässt sich die Mittelposition Jennens' sehr gut ablesen: Er orientierte sich zum Beispiel großteils an der Leseordnung der älteren Fassung, folgte aber auch der neueren Version insofern, als er so wie diese die inzwischen eingeführte King James Bible als Textgrundlage verwendete.

𝄢 Die Auswahl der Lesungen zu den einzelnen Sonn- und Feiertagen, die im Gottesdienst gelesen werden, ist in der

Anglikanischen Kirche (wie auch in der katholischen, nicht aber in allen evangelischen Kirchen) genau geregelt. Im Allgemeinen gibt es zwei Lesungstexte, meist je einen aus dem Alten und dem Neuen Testament, sowie einen Abschnitt aus einem der vier Evangelien. Dazu kommen in der Anglikanischen Kirche noch Psalmen, Gebete sowie diverse Einzelverse zur Kommunion o.Ä.

♪: Die Leseordnungen der christlichen Kirchen funktionieren im Allgemeinen so, dass Lesung und Evangelium thematisch aufeinander abgestimmt sind. Dabei wird das Evangelium nach verschiedenen Kriterien ausgewählt, während sich die Lesungstexte diesen Evangeliumstexten anpassen. Durch die Zuordnung des Alten Testaments zum Evangeliumstext deuten sich die alttestamentlichen Texte meist von selbst als „Vorläufer" der neutestamentlichen. Insbesondere Prophetentexte wirken so als „Vorankündigungen", die durch Jesus erfüllt sind.

♪: Das hat seinen Ursprung bereits im Neuen Testament, das Texte aus dem Alten Testament als sogenannte „Schriftbeweise" verwendet und damit den „Erweis" bringt, dass der neutestamentliche Jesus mit alttestamentlichen Messiasverheißungen zusammenpasst. Gewisse Koppelungen von AT- und NT-Texten ergeben sich von dort her von selbst und finden sich daher in den Leseordnungen der meisten Konfessionen. So wird jeder Gottesdienstbesucher im Advent Texte aus dem Jesajabuch hören und zu Ostern in der einen oder anderen Form mit Psalm 22 („Mein Gott, mein Gott, warum hast du mich verlassen?") konfrontiert. Diese zu Liturgie geronnene Theologie bildet den Grundstein für das Libretto des *Messiah*.

Liturgieordnung
Das Book of Common Prayer weist in seiner ersten Fassung von 1549 nicht nur eine teilweise andere Leseordnung, sondern auch einige Besonderheiten in der Liturgieordnung auf. In einem Mittelweg zwischen katholischer und protestantischer Liturgie stehen sowohl Lesungen als auch Kommunionempfang im Mittelpunkt. An Sonntagen und Feiertagen gibt es zusätzlich zum Gottesdienst auch je ein Morgen- und Abendgebet (Matins und Even). Im Morgengebet (Matins) werden Psalmen und Lesungen vorgetragen (meist zwei, je eine alt- und eine neutestamentliche Lesung). Beim Gottesdienst „am Tag" werden nicht nur Lesung und Evangelium, sondern, das ist die Besonderheit, auch nach der Kommunion noch einmal ein Lesungs- und Evangeliumstext gelesen. Das wurde drei Jahre später in der revidierten Fassung verändert.

𝄢: Die bedeutendsten Veränderungen der Fassung von 1552, die später 1662 übernommen wurden, gegenüber jener von 1549 sind die Verlegung des „Gloria" an das Ende des Gottesdienstes, der Entfall des „Agnus Dei" vor der Kommunion sowie der Entfall des Gedenkens an die Toten während des Hochgebetes. Zudem wurden Begräbnisfeiern ohne Eucharistiefeier und Kommunionempfang abgehalten. All das sorgte für Diskussionen und Konflikte. Es fällt daher umso mehr auf, dass Jennens gerade diese umstrittenen Elemente in ihrer alten Form in den *Messiah* eingebaut hat. Das Libretto lässt sich in gewisser Weise wie eine katholische/früh-anglikanische Messe lesen (vgl. Tabelle S. 62ff.).

Frühchristliche Quellen

Die zentralen liturgischen Texte des Christentums haben eine lange Geschichte, die bis in die früheste Zeit der Kirche reichen. Sie sind einerseits aus den Texten des Neuen Testaments gewonnen, die das Alte Testament und das Christusereignis miteinander verbinden, andererseits aus den Argumentationsstrukturen der frühen Kirchenväter, die den jungen Glauben erst einmal bestimmen, genauer definieren und zugleich verteidigen mussten. In den ersten Jahrhunderten wurden in zahlreichen Konzilen präzise Formulierungen der zentralen Glaubensinhalte entwickelt, strittige Fragen zum Umfang und zur Textgrundlage der Heiligen Schriften geklärt und nicht zuletzt neue liturgische Formen gefunden. Dadurch entstanden immer mehr geprägte Verbindungen von Themen und dazu passenden biblischen Texten, die wiederum auf die Leseordnung der Kirche Auswirkungen hatten. Ein Vergleich von Leseordnungen verschiedener Jahrhunderte zeigt, wie beständig einige Texte mit gewissen Ereignissen verbunden waren.

Jennens persönlich dürfte eine ausgeprägte Liebe zu diesen Schriften gehabt haben. In seiner Bibliothek befanden sich alle einschlägigen Werke der Kirchenväter, von Irenäus bis Augustinus, von Tertullian bis Origenes, von Philo von Alexandrien bis zu Johannes Chrysostomus. Neben seinem allgemeinen altphilologischen Interesse wird wohl die Suche nach dem unverfälschten Glauben das ausschlaggebende Motiv dafür gewesen sein. Viele Nonjurors waren wie Jennens sehr an der frühen Kirche interessiert. Nur von dorther schien die Kirche wieder wesentliche Impulse gewinnen zu können. Verwirrt vom Widerstreit der unterschiedlichen Konfessionen, die die Church of England beeinflussten, suchten die Nonjurors ihr Heil in der Frühzeit des Christentums, wo die liturgische und theologische Welt noch in Ordnung war. Daher lohnt sich ein Blick auf jene Denker, die diese Verbindungen geprägt und theologisch entwickelt haben.

❧ Viele dieser Texte sind Glaubensmanifeste oder Apologien. „Apologie" meint Verteidigungsschrift. Im frühen Christentum war sie eine wichtige Form, um den christlichen Glauben sowohl zu rechtfertigen als auch korrekt darzustellen und zu erläutern und daneben auch, um gegen reale oder fiktive Einwände gegen das Christentum Stellung zu nehmen. Apologie war eine zentrale und wichtige Disziplin des theologischen Kanons unter dem Namen „Fundamentaltheologie" (nicht zu verwechseln mit Fundamentalismus!). Es ging um die Definition und Selbstvergewisserung des eigenen Glaubens gegenüber dem der anderen. Das konnte, musste aber nicht in polemischer oder abwertender Form geschehen, musste daher auch nicht „antijüdisch", „antiislamisch", oder wie in unserem Fall „antideistisch" sein. Die Bewerbung und „Beweisung" des Eigenen Glaubens steht im Vordergrund.

❧ Freilich zeigt die Geschichte, dass das enge Verständnis von Wahrheit – ein Entweder-oder-Verständnis – meist dazu führte, alle anderen Glaubenshaltungen als falsch oder minderwertig zu verstehen. Erst heutzutage setzt sich allmählich (keinesfalls überall!) die Erkenntnis durch, dass es neben der eigenen Wahrheit noch andere Wahrheiten geben könne. Und erst im späten 20. Jahrhundert entwickelte sich auch eine Theologie, die das reflektierte.

Im Frühchristentum war erst einmal die Etablierung der neuen und vielfach angefragten, verspotteten oder angefeindeten Religion das Gebot der Stunde. Implizites Motto bei all diesen Versuchen war 1 Petr 3,15 („Seid stets bereit, jedem Rede und Antwort zu stehen, der nach der Hoffnung fragt, die euch erfüllt"). Das geschah auf (vor-)wissenschaftlichem Niveau, es waren (oft leidenschaftliche) Argumentations-, aber meist keine Hetzschriften. Man versuchte die Vernünftigkeit des eigenen Glaubens aus den Schriften aufzuweisen. Die Kirche hat dabei gegen alle Versuche das Alte Testament nie aufgegeben. Der Streit mit den Juden befasste sich nicht mit der Relevanz der hebräischen Schrift – diese war selbstverständlich –, sondern damit, ob es erlaubt bzw. sogar notwendig sei, das Alte Testament auf Jesus von Nazaret zu beziehen und ihn aus dieser Schrift als Messias zu erkennen. Christliche Argumentation speiste sich aus dem Alten Testament, weil a) auch die Schriften des Neuen Testaments sich daraus speisten; b) die junge Kirche vielerorts als „jüdische Sekte" galt und man sich in Gemeinsamkeit mit und Abgrenzung zum Judentum erst profilierte; und c) weil das Alte Testament als Grundlage des Christentums gegen gnostische Strömungen verteidigt werden musste.

✏ Diese doppelte Front wird oftmals übersehen. Christen waren für die pagane („heidnische") Bevölkerung „eine Torheit", weil sie wie die Juden nur einen Gott verehrten, an einen Messias glaubten etc.; sie waren aber für die jüdische Bevölkerung ein „Ärgernis", weil sie in Jesus von Nazaret den Messias für gekommen hielten. Christen mussten also einerseits ihre jüdischen Wurzeln zu Hilfe nehmen, um die

„Torheit" Ein-Gott-Glaube etc. sichern zu können, andererseits mussten sie das Alte Testament mit dem Neuen zusammenführen, um den Schritt vom „Messias-Glauben" zum „Glauben an einen Gekreuzigten namens Jesus" machen zu können.

𝄢 Selbstverständlich konnten sich darin Polemik oder auch abwertende untergriffige Elemente befinden. Dennoch sollte hier genau differenziert werden, ob das „gegen" (die Juden, die Deisten etc.) automatisch „anti" im Sinne eines Angriffs bedeutet oder ob es sich um die gängige rhetorische Form einer antiken Sachdiskussion handelte (vgl. nur die zahlreichen Schriften der frühchristlichen Schriftsteller mit dem Titel „adversus xy" oder „contra xy". Das „gegen" bedeutet dort vor allem „gegen die Einwände" und nicht „gegen die Personen".)

𝄢 Die Argumente für die eigene Religion sind schriftbezogen und spiegeln sich daher auch in der Liturgie wider. Und auf diese Liturgie wiederum griff Jennens zurück, als er seinen *Messiah* schrieb.

𝄢 In Jennens' Bibliothek befand sich, wie schon erwähnt, eine große Anzahl von Werken frühchristlicher Schriftsteller. Einer davon war Justin der Märtyrer aus dem 2. Jahrhundert. Er verteidigt in seiner „ersten Apologie" den christlichen Glauben und führt „Beweise" aus dem Alten Testament an. Seine Zusammenfassung dieser „Beweise" liest sich wie eine Inhaltsangabe des *Messiah*:

> Justin, erste Apologie, 31: In den Büchern der Propheten finden wir nun vorherverkündigt, dass Jesus, unser Christus, in die Welt kommen, von einer Jungfrau gebo-

ren, zum Manne herangewachsen, jede Krankheit und jede Schwachheit heilen und Tote auferwecken werde, dass er gehasst, verkannt und gekreuzigt werde, sterben, auferstehen und in den Himmel auffahren werde, dass er Sohn Gottes sei und heiße, dass von ihm zu allen Völkern Sendboten mit dieser Botschaft geschickt und dass die Menschen aus den Heidenvölkern mehr an ihn glauben werden.

„Bewiesen", weil als „vorhergesagt" von den Propheten dargestellt, werden danach unter anderem Jesu Geburt aus der Jungfrau (Kap. 33), der Geburtsort Betlehem (34), Jesu öffentliches Wirken und Tod (35), Weissagungen über die Apostel und Lehrer der Kirche (40) u. a. Es fehlt zwar auch nicht an antijüdischen Weissagungen – doch sind gerade solche judenfeindlichen alttestamentlichen Stellen in Jennens' Libretto nicht zu finden.

𝄢 Eine andere, ähnlich gehaltene Schrift stammt von Irenäus von Lyon (+ 200 n. Chr.). Sie weist in Aufbau und Argumentationsgang bis hin zu den „Belegstellen" Ähnlichkeiten mit dem Libretto des *Messiah* auf und trägt den bezeichnenden Titel *Demonstratio apostolicae praedicationis* (Erweis der apostolischen Verkündigung). Zwar galt dieses Werk selbst bis 1904 als verschollen, sodass Jennens nicht direkt darauf zurückgegriffen haben konnte, doch zeigt es, wie traditionell die Argumente und „Schriftbeweise" waren, die ja auch in der Liturgie ihren Niederschlag fanden und derer sich Jennens bediente.

𝄢 Das Werk hat zwei Hauptteile; der zweite Hauptteil nennt sich „Beweis der Wahrheit der Offenbarungslehre aus dem äußeren Zeugnis der heilsgeschichtlichen Tatsachen". Hier wird systematisch der „Beweis" erbracht, dass es sich bei Jesus von Nazaret um niemanden anders als dem in der Schrift angekündigten Messias handeln könne. Explizit antijüdische Polemik fehlt weitgehend. Das Werk wird für einen Glaubensbruder namens Marcius geschrieben. Als Ziel nennt Irenäus im Vorwort:

> Zu Deiner Befestigung im Glauben möchten wir Dir in Kürze zeigen, wie die Wahrheit verkündigt wurde. Wir senden Dir diese Darstellung als eine Erinnerung über die Grundlehren. (...) In Kürze sollst Du den Beweis der Göttlichkeit dieser Dinge erhalten. Das wird Dir selbst zum Heil dienen und Du wirst alle falschen Lehrer beschämen; jeden aber, der unsere heilvolle und lautere Lehre kennenlernen will, wirst Du ihr mit aller Zuversicht entgegenführen.

Aufgebaut ist die Beweisführung dann vor allem im zweiten Abschnitt des zweiten Hauptteils, der betitelt wird mit „Die Erfüllung der einzelnen Weissagungen über Jesu Lebensverhältnisse, Wirksamkeit, Leiden und Auferstehung". Die Kapitel 52–84 zeigen dabei einen sehr ähnlichen Aufbau und häufig identische Bibelstellen wie Jennens' Libretto.

🎵 Dass sich das Libretto aus dieser Tradition speist, also vorrangig den eigenen Glauben absichert und sich in zweiter Linie gegenüber Anfragen von außen bestätigt und rechtfertigt, dürfte deutlich geworden sein.

Richard Kidder?

Sehr hervorgehoben wird in jüngster Zeit die These, Jennens habe sich hauptsächlich von einem Buch aus seiner Bibliothek, „A Demonstration of the Messiah in which the Truth of the Christian Religion is Proved", von Richard Kidder, Bischof von Bath und Wells (2. Auflage 1726), inspirieren lassen. Dieses Werk befand sich in seiner Bibliothek, die neuerdings rekonstruiert wurde, und gilt deshalb als „Vorlage" für Jennens' Libretto. T. Erhardt stellt dessen antijüdische Ausrichtung besonders heraus: Das Buch ist nicht weniger als ein religiöses Manifest, das „besonders gegen die Juden" Jesus als den alttestamentlich verkündeten Messias erweisen soll, also eine Apologie. Das Werk hat darüber hinaus zahlreiche polemische Passagen, gerade im Kapitel „Über die Überlegenheit der christlichen Religion". Die Tatsache, dass sich Jennens auf ähnliche „Schriftbeweise" stützt wie Kidder, wird als Beweis gewertet, dass er auch seine antijüdische Zielsetzung übernommen habe.

⁂ Allerdings: Die messianischen „Argumente aus der Schrift", die bei Kidder vorkommen, sind zum allergrößten Teil nicht Kidders Erfindung, sondern traditionelle, liturgisch übliche und oft schon im Neuen Testament anzutreffende Verbindungen. Kidder schließt daran einige Polemik, doch finden sich dieselben Argumente und Verbindungen auch in liturgischen und anderen Texten, die diese scharfe Polemik nicht teilen. Natürlich findet eine Abgrenzung zum Judentum statt und herrscht die Überzeugung vor, die eigene Religion sei die bessere. Und das Verständnis für Menschen, die diese Religion nicht als die ihre akzeptieren, hält sich auch in Grenzen. Doch dürfte es reichlich überzogen sein, Jennens wegen seiner Übernahme von althergebrachten Messias-Argumenten und einschlägigen liturgischen Texten eine explizit antijüdische Intention zu unterstellen. Die Annahme Marissens zumindest, die vor Kurzem großes Aufsehen erregt hat, dass nämlich der berühmte „Halleluja"-Chor ein Jubelruf über die Zerstörung des zweiten Tempels gewesen sei, lässt sich vom Text her nicht stützen. Dazu später. *Messiah* ist kein polemisches, sondern ein affirmatives, ein zustimmendes Werk, ein Bekenntnis. Es wäre für Jennens ein Leichtes gewesen, in den *Messiah* explizit antijüdische Texte aus der Bibel hineinzulegen. Doch gerade die besonders heiklen Passagen, die in Kidders Werk vorkommen, werden von Jennens nicht übernommen.

𝄢 Ein Beispiel: In Jennens Libretto wird Hag 2,6–7 zitiert. Darin wird vom Einzug Gottes in seinen Tempel gesprochen. Kidders polemische Entfaltungen zielen hingegen vor allem auf Hag 2,9, wo von einem „späteren Tempel" die Rede ist, der herrlicher sein wird als der frühere. Auf diesen Vers aufbauend, argumentiert Erhardt, dass mit dem „späteren Tempel" die Kirche gemeint sein müsse und die Zerstörung des jüdischen Tempels hier angesprochen sei. Aber Jennens nahm genau diesen Vers nicht auf, sondern sprang zu Mal 3,1–3, der eine eschatologische Dimension eröffnet und nicht auf eine Ablösung des Tempels, sondern auf den Einzug Gottes in den Tempel zielt. Erhardt stützt seine Argumentation der Judenfeindlichkeit Jennens' also auf Verse, die im Libretto gerade nicht vorkommen.

𝄢 Jennens bleibt auch sonst beim Allgemeinen. Das Wort „Juden" wird nie erwähnt. Die Feinde sind „nations" oder

„people", also sehr unbestimmte Größen. „Jerusalem" oder „Juda" kommen ausschließlich im positiven Kontext vor (man vergleiche dagegen Mendelssohns Paulus-Oratorium, dessen Libretto von „Jerusalem, die du tötest die Propheten" singt). Das Werk ist (werbende) Theologie, nicht biblische Erzählung und schon gar kein Traktat oder Pamphlet.

Das Nizänisch-konstantinopolitanische Glaubensbekenntnis

Eine weitere mehr oder weniger bewusste „Vorlage" für das Libretto des *Messiah* dürfte das Nizänisch-konstantinopolitanische Glaubensbekenntnis gewesen sein. Dieses Bekenntnis ging um die erste Jahrtausendwende als „Credo" in das „Ordinarium" der Messe ein und wird meist gesungen. Auch die anglikanische Liturgie behielt es bei. In der liturgischen Ordnung der Nonjurors von 1718 wird es ebenfalls vorgeschrieben. Für das Libretto des *Messiah* sind insbesondere die kursiv gesetzten Zeilen relevant:

> Wir glauben an den einen Gott,
> den Vater, den Allmächtigen,
> der alles erschaffen hat, Himmel und Erde,
> die sichtbare und die unsichtbare Welt.
> *Und an den einen Herrn Jesus Christus,*
> *Gottes eingeborenen Sohn,*
> *aus dem Vater geboren vor aller Zeit:*
> *Gott von Gott, Licht vom Licht,*
> *wahrer Gott vom wahren Gott,*
> *gezeugt, nicht geschaffen,*

eines Wesens mit dem Vater;
durch ihn ist alles geschaffen.
Für uns Menschen und zu unserem Heil
ist er vom Himmel gekommen,
hat Fleisch angenommen
durch den Heiligen Geist
von der Jungfrau Maria
und ist Mensch geworden.
Er wurde für uns gekreuzigt
unter Pontius Pilatus,
hat gelitten und ist begraben worden,
ist am dritten Tage auferstanden nach der Schrift
und aufgefahren in den Himmel.
Er sitzt zur Rechten des Vaters
und wird wiederkommen in Herrlichkeit,
zu richten die Lebenden und die Toten;
seiner Herrschaft wird kein Ende sein.
Wir glauben an den Heiligen Geist,
der Herr ist und lebendig macht,
der aus dem Vater und dem Sohn hervorgeht,
der mit dem Vater und dem Sohn
angebetet und verherrlicht wird,
der gesprochen hat durch die Propheten,
und die eine, heilige, katholische
und *apostolische Kirche.*
Wir bekennen die eine Taufe
zur Vergebung der Sünden.
Wir erwarten die Auferstehung der Toten
und das Leben der kommenden Welt. Amen.

Gegenüber dem kürzeren Glaubensbekenntnis, das heute in den Kirchen überwiegend gebetet wird, weist es einige wichtige zusätzliche Inhalte auf, etwa die Formulierung „Gott von Gott, Licht von Licht", die im Libretto bedeutsam sind.

Allgemeines zur Musik

Verwendete Formen
Das unbegleitete Rezitativ (Secco-Rezitativ): In vielen Oratorien dient das Secco-Rezitativ dazu, die Handlung voranzutreiben, während die Arie emotionale oder philosophische Betrachtungen dazu anstellt. In geistlichen Oratorien wird häufig der Bibeltext im Rezitativ untergebracht, während für die Arie ein eigener gereimter Text verfasst wird. Da der *Messiah* nur aus Bibeltexten besteht, ist eine solche Aufteilung nicht möglich. Doch unterscheidet Händel sehr klug zwischen begleiteten und unbegleiteten Rezitativen: Das Accompagnato-Rezitativ meint ein Rezitativ, das nicht nur vom Basso Continuo, sondern auch von weiteren Instrumenten begleitet wird. Händel verwendet es im *Messiah* sehr häufig. Insgesamt 9 Accompagnato-Rezitative gibt es im *Messiah*. Es unterstreicht üblicherweise besonders gewichtige Aussagen. Im *Messiah* scheint das jedoch ein wenig differenzierter gehandhabt zu sein. Die Accompagnato-Rezitative unterscheiden sich von den Secco-Rezitativen nicht durch größere Gewichtigkeit des Textes, sondern durch größere emotionale oder dramatische Wirkung des Textes. Sie vermitteln Zuversicht, Furcht, Verzweiflung, Staunen u. v. a. und gehen damit weit über ein sachliches Informieren hinaus.

Das Secco-Rezitativ hat eine sogar größere Textgewichtigkeit. Es wird im *Messiah* für zentrale Bibelverse verwendet, die für die folgenden Nummern von so großer Bedeutung sind, dass Händel offenbar nicht riskieren wollte, dass sie im instrumentalen Wohlklang zu wenig beachtet würden oder an Textdeutlichkeit verlören. Secco-Rezitative im *Messiah* sind dementsprechend selten. Sie finden sich:
vor Nr. 8: die Ankündigung der jungfräulichen Geburt des Immanuel (Gott mit uns) (Jes 7,14);
vor Nr. 13 und vor Nr. 15: Verkündigung der Geburt Christi durch die Engel (Lk 2,8.10–11);
vor Nr. 17: die Heilung von Blinden und Lahmen durch Christus (Jes 35,5–6);
vor Nr. 31: die Gottessohnschaft (Hebr 1,5);
vor Nr. 38: die Verspottung der Feinde durch Gott (Ps 2,4);
vor Nr. 44: die Erfüllung der Aussage, dass der Tod im Sieg verschlungen ist (1 Kor 15,54).

Die Arien stellen im *Messiah* nicht nur Betrachtungen dar, sondern enthalten ebenfalls handlungstragende Elemente. Zwei Duette enthält der *Messiah*, von denen eines (Nr. 17) kein Duett im eigentlichen Sinne darstellt, da die Singstimmen nacheinander, nicht miteinander singen. Das zweite (Nr. 44) steht an zentraler Stelle gegen Ende des Werkes.
𝄢 Besonders häufig kommt der Chor zum Einsatz. Zwar kann man beim *Messiah* nicht von einem Chororatorium, wie etwa in *Israel in Egypt*, sprechen, doch fällt dem Chor durchaus eine große Rolle zu. Einerseits werden durch Chornummern kollektive Wir-Aussagen ausgedrückt (z. B. All we like sheep, Nr. 23; For unto us a child is born, Nr. 11);

darunter fallen auch turba-ähnliche Chöre, also solche, die das Geschrei der Menge wiedergeben (vgl. Nr. 25; 37). Andererseits kommen in den Chören auch Geschehnisse mit universalen Auswirkungen zur Sprache (etwa wenn von einer Offenbarung *für alle* oder von den Sünden *der Welt* gesprochen wird, vgl. Nr. 4; 15; 18; 19). Und nicht zuletzt werden hymnische Gesänge, Jubelchöre und Preisungen chorisch besetzt wie das berühmte „Halleluja" am Ende des zweiten Teils, aber auch die Chöre Nr. 45 oder 47. Eine Besonderheit ist der „Amen"-Chor, der das Werk beschließt. Hier fungiert der Chor als Antwort der (Gottesdienst-)Gemeinde.

Orchesterbesetzung und Zitation anderer Werke
Die Orchesterbesetzung war zu Händels Zeiten keine unumstößliche Vorgabe. Händel selbst adaptierte sein Werk je nach Maßgabe der personellen und räumlichen Möglichkeiten eines Aufführungsortes. Es existieren daher, ganz abgesehen von Mozarts weitreichender Bearbeitung, schon von Händel selbst vorgenommene unterschiedliche Fassungen. Einen hilfreichen, kurzen Überblick und weitere Literatur dazu bietet Andreas Waczkats Buch „Georg Friedrich Händel: Der Messias" aus der Reihe „Bärenreiter Werkeinführungen".

Ein Wort vorweg sei noch zu Händels Gewohnheit gesagt, ausgiebig sich selbst und andere musikalisch zu zitieren: Die Verwendung von musikalischen Themen und Motiven aus anderen (eigenen und fremden) Werken, heute als „(Selbst-)Plagiat" verpönt, war zu Händels Zeiten kein Problem. Händel selbst schien ganz bewusst häufig sich selbst und andere zitiert zu haben. Oftmals spielt sich durch diese Übernahmen eine interessante Bedeutungsvertiefung ein. Dann nämlich, wenn die zitierten Themen dem Publikum bekannt sind und ihm Aussagen oder Empfindungen des Zitats mit ins Bewusstsein kommen. So spielen sich etwa Textzeilen eines Chorals mit ein, der in einer Chorpassage des *Messiah* zitiert wird. Die Worte und die Stimmung des eingespielten Chorals verschmelzen mit der Chorpassage und lassen dadurch ein größeres Ganzes entstehen. Die Aussage und Bedeutung der Chorpassage wird vertieft und verdeutlicht. Im *Messiah* lässt sich, wie sich zeigen wird, ein solches Vorgehen Händels an einigen Stellen beobachten.

III. Libretto und Musik

Das Libretto thematisiert die zentralen Glaubensinhalte und stützt sie durch alttestamentliche Zitate. Dabei hält es sich inhaltlich sehr eng an das Nizäno-konstantinopolitanische Glaubensbekenntnis und an die Leseordnung der Church of England. Das Oratorium ist dreiteilig angelegt: Der erste Teil beinhaltet die Vorankündigung des Messias und seine Menschwerdung, also Advent bis Epiphanie, mit einem Brückentext aus der Aschermittwoch-Liturgie, der Jesu Wirken auf Erden summarisch zusammenfasst. Der zweite Teil befasst sich mit Jesu Leiden und Tod, Auferstehung und endgültigem Sieg, also Ostern bis Pfingsten, der dritte Teil gibt einen Ausblick auf die Auferstehung aller Menschen und bedient sich dabei der Begräbnis- und Allerheiligenliturgie.

𝄢 Die folgende Tabelle soll die verschiedenen Ebenen, die dem Libretto zugrunde liegen, deutlich machen:

Libretto[19]	**Glaubensbekenntnis**
Szene 1, Nr. 2–4	(Wir glauben an) unseren Herrn Jesus Christus, ...
Szene 2, Nr. 5–7	... Gottes eingeborenen Sohn ...
Szene 3, Nr. 8–11	... wahrer Gott vom wahren Gott, Licht vom Licht ...
Szene 4, Nr. 12 Pifa	
Nr. 13–14	... für uns Menschen und zu unserem Heil ist er vom Himmel gekommen, hat Fleisch angenommen ...
Nr. 15	
Szene 5, Nr. 16–18	... und ist Mensch geworden (zu unserem Heil)

II. Teil

Szene 1, Nr. 19	
Nr. 20	Er wurde für uns gekreuzigt unter Pontius Pilatuss, ...
Nr. 21–23	... er hat gelitten ... (A. B.) Er hat gelitten um unseres Heils willen
Nr. 24–27	„
Szene 2, Nr. 28	... und ist begraben worden, ... (A. B.) ist herabgestiegen zur Unterwelt,
Nr. 29	... ist am dritten Tage auferstanden nach der Schrift ...
Szene 3, Nr. 30	... und aufgefahren in den Himmel
Szene 4, Nr. 31	
Szene 5, Nr. 32	Er sitzt zur Rechten des Vaters ...
Nr. 33–35	... und wird wiederkommen in Herrlichkeit, ...
Szene 6, Nr. 36–37	... zu richten (die Lebenden und die Toten) ...

Stellung im Kirchenjahr	**Anklänge an die Messfeier**[20]
Johannes der Täufer	Introitus
Darstellung Jesu im Tempel	Tagesgebet / Kyrie
Weihnachten	(Alttestamentliche Lesungen)
	Graduale
Weihnachten	(Neutestamentliche Lesung)
	Gloria
	Einladung zur Kommunion
	Agnus Dei
	Kommunionvers
	(als Motto über dem 2. Teil der Messfeier)
Karfreitag	Anamnese der Passion Christi im Hochgebet
„	darin: *Schuldbekenntnis („we"!)*
„	
Karfreitag/ Karsamstag	
Ostersonntag	
Ostersonntag	
	Sanctus
Himmelfahrt	
Pfingsten	*Benedictus*
	Bitte für den (irdischen) König, dass er gerecht richte,

Libretto	Glaubensbekenntnis
Szene 7, Nr. 38	„
Szene 8, Nr. 39	… seiner Herrschaft wird kein Ende sein.

III. Teil

Szene 1, Nr. 40–41	(A. B.) Bei seiner Ankunft werden alle Menschen
Szene 2, Nr. 42–43	mit ihren Leibern auferstehen …
Szene 3, Nr. 44	„
Nr. 45	
Nr. 46	… und über ihre Taten Rechenschaft ablegen.
Szene 4, Nr. 47	

Stellung im Kirchenjahr	Anklänge an die Messfeier
	seine Feinde besiege
	und ewig herrsche
Begräbnisliturgie	*Gedenken an die Toten, in der Hoffnung,*
	dass sie auferstehen
	Postkommunionvers
	Postkommunionvers
	Schlussgebet / Segen / Amen

Duccio di Buoninsegna (1260–1318),
Christi Geburt mit Jesaja und Ezechiel (1308–1311).
National Gallery of Art Washington, D.C.

Teil I: Messiaserwartung – Inkarnation – Wirken auf Erden

Der erste Teil des *Messiah* spricht vom Anbrechen der neuen messianischen Zeit durch die Menschwerdung Jesu. Trost, Gnade, Licht, Friede und Heilung für die Menschen sind die Zeichen dieser neuen Zeit. Das Kommen des Messias wird als von den Propheten vorausgesagt und in Jesus Christus eingetroffen dargestellt. Der erste Teil des Oratoriums verschränkt daher alttestamentliche „Prophezeiung" (Jes; Hag; Mal) und neutestamentliche „Erfüllung" (Lk; Mt).

🎵 Passend zum Thema „Ankündigung des Kommens des Messias" sind die ersten Nummern des *Messiah* von einer zentralen biblischen Gestalt geprägt, auch wenn deren Name nicht genannt wird: Es ist Johannes der Täufer. Im Neuen Testament wird er als Vorläufer und Ankündiger Jesu dargestellt. Er ist es auch, von dem Jesus sich taufen lässt. Als Wegbereiter und Vorbote des Neuen gilt er christlicherseits somit als letzter jüdischer Prophet vor Christus, gewissermaßen als Inbegriff des alttestamentlichen Propheten. In Jennens' Libretto ziehen sich als roter Faden zu Beginn Verse aus Jes 40 durch. Der Text, der etwas Neues, nämlich eine neue Heilszeit, ankündigt, wird von einer „Stimme, die in der Wüste ruft" gesprochen. Dieser „Rufer in der Wüste" von Jesaja 40 wird im Neuen Testament von allen vier Evangelisten nun als Johannes der Täufer verstanden. So heißt es etwa bei Matthäus:

> 1 In jenen Tagen trat Johannes der Täufer auf und verkündete in der Wüste von Judäa: 2 Kehrt um! Denn das Himmelreich ist nahe. 3 Er war es, von dem der Prophet Jesaja

gesagt hat: Eine Stimme ruft in der Wüste: Bereitet dem Herrn den Weg! Ebnet ihm die Straßen! (Mt 3,1–3).

Johannes ist eine Brückenfigur zwischen Altem und Neuem Testament. Er gilt als jüdischer Prophet, wird sogar für Elija gehalten und verweist doch explizit auf Christus. In der „Predigteröffnung" des Oratoriums (Nr. 2) wird daher dieser Text verwendet, der in der Liturgie zum Hochfest Johannes' des Täufers als Lesung gelesen wird.

☙ In die Jesajaverse werden in Folge Verse aus anderen Prophetenbüchern (Haggai und Maleachi) eingefügt, ohne einen Sprecherwechsel anzuzeigen. Durch diesen Kunstgriff scheinen diese Prophetien alle von Johannes, an den jeder christlich geschulte Hörer bei dem jesajanischen „Rufer in der Wüste" unweigerlich denkt, gesprochen zu sein.

☙ Aus seinem Mund werden nun die ersten „Beweise" für die Messianität Jesu geliefert. Alttestamentliche Texte, die eine messianische Erwartung ausdrücken, werden herangezogen und als in Jesus erfüllt verstanden. So nennt das Libretto

a) eine „Stimme in der Wüste", die das Nahen des Herrn ankündigt;
b) mächtige Zeichen in der Natur: am Tag des Herrn werden Himmel, Erde und Meer erschüttert;
c) Läuterung zu einer neuen, gottgefälligen Art des Opferns – begründet durch einen neuen Bund;
d) das Licht, das mit diesem Kind aufgeht;
e) die Menschwerdung Gottes;
f) die Geburt von einer Jungfrau in der „Davidsstadt";
g) die ewige Friedensherrschaft;
h) die wundersamen Heilungen.

Ein längerer Text aus der Kindheitserzählung des Lukasevangeliums sowie zwei Verse aus dem Matthäusevangelium schildern die „Erfüllung" dieser Prophezeiungen. Die Texte decken liturgisch einige der zentralen Texte der Weihnachtsfestzeit ab und erhellen zudem die ersten christologischen Aussagen des Glaubensbekenntnisses.

(Wir glauben an) unseren Herrn Jesus Christus, ... – Advent

Zur Ouvertüre
Musik
Das Oratorium hebt an mit einer „Sinfony" in e-Moll im Stil einer französischen Ouvertüre. Die Tempobezeichnung „grave" und der punktierte, feierlich-ernste Rhythmus weisen in diese Richtung. Doch fehlt der dritte Teil, die Wiederholung des ersten. Stattdessen folgt nahtlos ein Accompagnato-Rezitativ. Die düsteren Töne der Ouvertüre dürften dem Librettisten nicht unbedingt gefallen haben. Zumindest äußert er sich gegenüber einem Freund in dieser Weise, wenn er Händels Vertonung des *Messiah* kritisiert:

> Er [Händel] hat eine feine Unterhaltung daraus [aus dem *Messiah*] gemacht, obwohl nicht annähernd so gut, als er gekonnt und auch gesollt hätte. Ich brachte ihn mit großer Mühe dazu, dass er einige der gröbsten Fehler in der Komposition ausbesserte; aber er blieb stur bei seiner Ouvertüre, in welcher manche Passagen Händels unwürdig sind, jedoch weitaus unwürdiger noch sind sie des *Messiah*.[21]

Was daran des *Messiah* unwürdig war, darüber kann nur spekuliert werden. Vielleicht hängt der Unwille des Librettisten ja mit seinem Verständnis des Werks als Glaubensbekenntnis zusammen.

𝄢 Sehr häufig stimmt ja die instrumentale Eröffnung auf die Gesamtstimmung des Chorwerkes ein. Statt festlicher, triumphierender, feierlicher Musik, wie es sich wohl für ein Glaubensbekenntnis – und auch für den Beginn einer Messe – geziemen würde, beginnt Händel jedoch mit ernsten, dunklen, ja hoffnungslosen Klängen. Er lässt sich dabei offenbar mehr vom direkt anschließenden Text als vom Gesamtwerk inspirieren. Und dieser anschließende Text spricht von Trost, der dem Volk endlich wieder zuteilwird. Die Ouvertüre muss daher für den Dramatiker Händel die innere Finsternis und Hoffnungslosigkeit ausdrücken, die eines solchen Trostes überhaupt erst bedarf. Die Ouvertüre bildet also eine Art Kontrastfolie zum Kommen des Messias: Die Welt ist dunkel, gefangen in der Sünde, blind für den Weg zum Heil und nicht fähig, sich aus eigenen Kräften davon zu befreien. Sie harrt auf Erlösung. Eine ähnliche Funktion der Ouvertüre wird Haydn in seiner Schöpfung wählen: Ist es dort das Chaos, das vor der Erschaffung der Welt herrschte, ist es hier die Sündenverfallenheit der Menschheit, die vom Komponisten meisterhaft in Musik gesetzt wird.

1. Szene: Nr. 2–4

Die Nummern 2–4 des Librettos illustrieren den ersten Satz des Glaubensbekenntnisses: Jesus ist der Christus.

Nr. 2–4 Accompagnato: Comfort ye my people / Arie: Ev'ry valley shall be exalted / Chor: And the glory of the Lord shall be revealed

Musik
Die Ouvertüre führt direkt in ein Accompagnato-Rezitativ, also ein Rezitativ, das vom Orchester begleitet wird. Das düstere e-Moll geht nahtlos in ein leuchtendes E-Dur über. Die einleitende Streicherfigur hat deutliche Parallelen mit dem bekannten Christmas Carol „Joy to the world" – doch scheint hier *Messiah* als Vorlage für das Lied gedient zu haben und nicht umgekehrt. Immerhin wurde es lange Zeit Händel zugeschrieben.

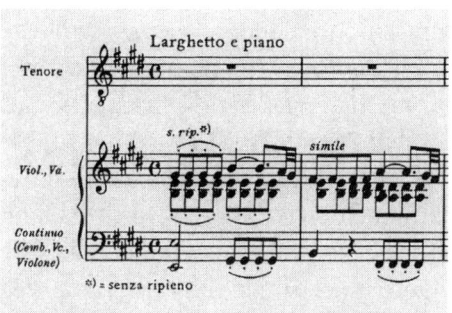

Notenbeispiel 1: Nr. 2, Takt 1–2

Aber auch mit eindeutig eigenen Werken zeigt das Stück Gemeinsamkeiten, z. B. mit dem 3. Satz der Triosonate in h-Moll HWV 386b.

𝄢: Die Stimmung hellt sich schlagartig auf. Der Tenor hebt nach der kurzen Einleitung wie aus dem Nichts an: „Comfort ye!", „Tröstet!" Etwas Neues bricht an. Dieses Neue ist noch nicht für alle sichtbar, aber doch spürbar. Händel versteht es meisterlich, eine Stimmung von Trost und gleichzeitig voll von Spannung über viele Takte zu halten. Beruhigung und Neugierde halten sich die Waage. Worin besteht das Neue, wodurch soll das Volk getröstet sein?

𝄢 Die anschließende Tenorarie bleibt in E-Dur, einer Tonart, die erst gegen Ende des Werkes wieder aufgenommen wird, konkret zu Beginn des dritten Teils. Die Musik unterstreicht den Text lautmalerisch: Die Täler, die erhöht werden sollen, erhalten „exaltierte" Koloraturen, die Ebenen ausgedehnte Noten.

𝄢 Der Chor schließt in freudigem A-Dur diese erste Szene ab. In tänzerischem 3/4-Takt besingt er die Offenbarwerdung der Herrlichkeit des Herrn. Auffällig sind die unisono gehaltenen langen Notenwerte bei den Worten „for the mouth of the Lord hath spoken it". Diese quasi posaunenartig anmutende Proklamation steht im Kontrast zur ansonsten polyphonen Stimmführung und unterstreicht die Gewichtigkeit der Worte Gottes.

Text
Wie ein roter Faden zieht sich Jes 40 durch den ersten Teil des Oratoriums. Der Text steht bereits zu Beginn als Schlüssel, wird dann immer wieder unterbrochen und wieder aufgenommen. Jesaja 40 ist eine Heilsbotschaft, ein Trostspruch. Das Volk Israel, das jahrzehntelang in Babylon im Exil war, hört im Jesajabuch nach langem Schweigen wieder das Wort Gottes. Und dieses Wort verkündet Trost und Rettung.

𝄢 Die ersten Nummern des Oratoriums beginnen nun mit genau diesem Jesajatext und spielen dadurch, wie bereits erläutert wurde, gleichzeitig Johannes den Täufer ein, ohne ihn zu nennen.

Exkurs: Jesaja 40

Das Buch Jesaja wird in der heutigen Forschung grob in 2–3 Teile geteilt. Während der Großteil der Kapitel 1–39 auf das 8. Jh. v. Chr. – der vermuteten Lebenszeit des Propheten Jesaja – zurückgeht, erfolgt mit Kapitel 40 ein Neueinsatz, der eindeutig auf das 6. Jahrhundert verweist: Israel lebt nach der Zerstörung Jerusalems durch Nebukadnezzar II. 587 im Babylonischen Exil, das sich nun aber seinem Ende zuneigt. Ein neuer Gesalbter ist im Kommen, ein Heide, nämlich der Perserkönig Kyrus (ca. 590/580–530 v. Chr.). Eine neue Heilszeit wird verkündet, Israel kommt aus der Gefangenschaft frei. Lange Zeit wurde angenommen, dass Jes 40–55 von einem zweiten großen Propheten gesprochen worden sei (daher auch der Name „Deuterojesaja", der zweite Jesaja), heutzutage setzt sich die Meinung durch, dass es sich eher um eine kollektive Fortschreibung des Jesajabuches handelt. Das Jesajabuch allgemein, aber insbesondere die Kapitel 40–55 (Deuterojesaja), werden im Neuen Testament häufig zitiert. In diesem Buch fand die junge christliche Gemeinde zahlreiche Texte, die ihren Glauben an Jesus als den Messias besonders deutlich machen konnten. Kein Wunder, dass sich auch die Evangelien zeitweise wie eine Auslegung einzelner Jesajatexte lesen lassen.

Das Exil ist zu Ende, die lange Leidenszeit vorüber, etwas Neues entsteht. Eine Stimme in der Wüste erklingt und kündet das Kommen des Herrn an. In bewegenden Worten wird das Volk aufgefordert, Mut zu fassen:

Das Libretto zitiert Jes 40,1–3, jedoch nicht vollständig: Jes 40,2b ist ausgelassen:

> **Libretto**
> **No. 2.** Recit. accompanied (*Tenor*):
> 1 *Comfort ye, comfort ye my people, saith your God;*
> 2 *speak ye comfortably to Jerusalem; and cry unto her,*
> *that her warfare is accomplished, that her iniquity is pardoned.*
>
> **Übersetzung: Jes 40,1–3**
> 1 Tröstet, tröstet mein Volk, spricht euer Gott.
> 2 Redet Jerusalem zu Herzen und verkündet der Stadt, dass ihr Frondienst zu Ende geht, dass ihre Schuld beglichen ist;
> *denn sie hat die volle Strafe erlitten von der Hand des Herrn für all ihre Sünden.*

Teil a des Verses spricht von der Schuld des Volkes, die nun „abgetragen" ist. Teil b begründet das damit, dass Gott das Volk bereits doppelt bestraft hat – durch das Exil selbst und durch die Zerstörung Jerusalems. Diese Bestrafung durch Gott wird nun im Libretto nicht erwähnt. Das ist kein Zufall. Jesaja 40 wurde bereits innerbiblisch nicht nur auf das einmalige Ereignis des Babylonischen Exils gedeutet. Es ist auch ein Text, auf den sich das Johannesevangelium intensiv bezieht. Als „Rufer in der Wüste" (mit direktem Zitat von Jes 40) bezeichnet sich Johannes der Täufer (Joh 1,23). Die beiden Texte sind eng verflochten.

𝄢 So wie Jes 40 innerhalb des Jesajabuches einen Neueinsatz bildet, indem das Anbrechen einer heilvollen Zeit angekündigt wird, ist der Text im Oratorium ein Neueinsatz, der das Anbrechen der messianischen Ära verheißt. Das Libretto spricht ja nicht vom historischen Babylonischen Exil, das nun ein Ende nimmt, sondern von einer neuen Heilszeit, die mit dem Kommen des Messias anbricht und Sünde und Schuld überwindet. Diese Heilszeit ist aber gerade nicht Folge von Bestrafung, sondern rein Gottes Gnade. Die Sünde wird nicht abgearbeitet, sondern vergeben, frei und unverdient durch Gottes Liebe. Jeder Eindruck, das Heil wäre in irgendeiner Weise selbst verdient durch Bußhandlungen des Volkes o. Ä., wird durch die Auslassung vermieden. Damit spricht bereits der Beginn des Oratoriums von Sündenvergebung durch Liebe und einer neuen, tröstlichen, friedlichen Zeit, frei von „Verwirrung und Schuld"; beides zentrale Merkmale einer messianischen Ära.

𝄢 Nr. 3: Nach dem Trost ruft die Stimme zur (äußeren wie inneren) Vorbereitung auf: Alles, was tief und niedrig ist („Täler"), soll erhöht und das Hohe, scheinbar Mächtige („Berge") erniedrigt werden. Was verbogen, nicht in Ordnung ist, wird gerade gemacht. Alles, was dem Kommen des Herrn entgegensteht, soll und wird geebnet werden.

𝄢 Nr. 4: Danach, so führt der Chor die Verheißung des Jesajabuches und (über Joh 1,23) auch die Verheißung Johannes' des Täufers weiter, wird die „Herrlichkeit" des Herrn für alle sichtbar geoffenbart. Zum ersten Mal in diesem Werk ist das Leitmotiv „glory" – Herrlichkeit zu hören. Es wird das Oratorium bis zum letzten Stück begleiten, wenn der große Schlusschor diese Herrlichkeit dem „Lamm" zuspricht.

♪: Die Aussage, dass sich diese Herrlichkeit „offenbaren" soll, ist weit bedeutsamer für das Libretto, als es klingen mag, denn gerade der aufkommende Deismus im 18. Jahrhundert stellte zunehmend die „Offenbarungsreligionen" infrage. Dass sich das Göttliche nicht einfach in der Welt, in der Natur, in der Schöpfung zeigt, sondern in einer gesonderten personalen Offenbarung in Raum und Zeit, vor Hunderten von Jahren in Israel, war für diese Glaubensrichtung nicht einsichtig. Im Libretto dagegen heißt es umso bewusster gleich zu Beginn: Diese Herrlichkeit wird geoffenbart und alle können es sehen. Es handelt sich dabei um eine Offenbarung, die zwar in Raum und Zeit geschieht, aber keine Spezialoffenbarung sein will. Sie ist an alle gerichtet und daher auch von allen wahrnehmbar.

♪: Eine zweite Besonderheit liegt in der Offenheit des Wortes „the Lord": Im Hebräischen steht hier „JHWH", also der Gottesname. Die Übersetzung „the Lord" jedoch kann auch auf Christus bezogen werden. „Herr/Lord" wird im Libretto später Christus genannt. So wird schon hier, vermutlich bewusst, die Herrlichkeit und deren Offenbarung an Christus geknüpft. Jesus ist der Messias und die Herrlichkeit des Herrn wird über alle erstrahlen.

♪: Da Johannes der Täufer in seiner Funktion als Vorverweiser auf Christus hin aber auch die zentrale Figur zu Beginn des Kirchenjahrs ist, das ja mit dem ersten Adventssonntag beginnt, ist Jes 40 auch ein Spitzentext vieler adventlichen

Leseordnungen, bereits seit der Zeit der Kirchenväter (z. B. im Missale Ambrosianum), bis hin zu heutigen römisch-katholischen und lutherischen Ausgaben. Im Book of Common Prayer wird zwar vor Weihnachten nicht Jes 40 selbst gelesen, dafür aber Joh 1, wo, wie oben erwähnt, Jesaja 40 zitiert und auf Johannes den Täufer bezogen wird. Und beim Fest Johannes des Täufers ist Jes 40 der Text der Lesung.

... Gottes eingeborenen Sohn, aus dem Vater geboren vor aller Zeit: Gott von Gott, ... – Darstellung Jesu im Tempel
2. Szene: Nr. 5–7

Nr. 5 + 6 Accompagnato: Thus said the Lord / Arie: But who shall abide the day of His coming?

Musik
Das leuchtende A-Dur des letzten Chores trübt sich zu Beginn des Accompagnato-Rezitativs in d-Moll ein. Doch die Ankündigung Gottes, Himmel und Erde zu erschüttern, fällt zwar vehement aus, illustriert mit virtuosen Koloraturen und einigen Modulationen, doch bleibt sie im harmonischen, „positiven" Bereich. Beachtenswert ist wieder die plötzliche Modulation nach D-Dur vor den Worten „The Lord whom ye seek shall suddenly come to His temple" – der (königliche) Einzug des Herrn, den ihr sucht, erhält (königliches) D-Dur. Ebenso auffällig ist der Schlussakkord, der die Dominante statt zum erwarteten a-Moll zu A-Dur auflöst und damit das Accompagnato an den Chor Nr. 4 zurückbindet.

𝄢 Das A-Dur wird ebenso schnell wieder verlassen, wie es gekommen war. Die Alt-Arie in d-Moll interpretiert den

Folgevers des Maleachitextes als verzagte Reaktion auf die angekündigten Erschütterungen. Das sanft schwingende Larghetto in d-Moll wird zweimal von einem Prestissimo abgelöst, das furios und dramatisch das läuternde Feuer mit Koloraturen und gehetzten Tonwiederholungen der Streicher schildert. Beachtenswert jedoch ist, dass die Arie erst 1750, als Jennens keinen Einfluss mehr auf die musikalische Gestaltung hatte, in diese dramatische Form gebracht wurde, vermutlich dem virtuosen Altkastraten Guadagni zuliebe. Ursprünglich war Mal 3,2 als relativ einheitliche Bass-Arie mit durchgehend ruhigem, klagendem Ton verfasst, bei der Dubliner Uraufführung wurde diese sogar durch ein schlichtes Bass-Rezitativ ersetzt.

Text
Die Aussage von Jes 40 wird nun durch zwei Zitate aus anderen Prophetentexten weiter entfaltet: Haggai 2,6f. und Maleachi 3,1–3.

Exkurs:
Die „kleinen Propheten" Haggai und Maleachi

Haggai und Maleachi zählen zu den 12 „kleinen Propheten" des Alten Testaments – „klein" aufgrund des kleinen Umfanges ihrer Schrift. Beide wirkten nach dem Exil. Während das Buch Haggai nur zwei Kapitel umfasst, die sich um 520 v. Chr. ausschließlich mit dem Wiederaufbau des Tempels unter persischer Herrschaft befassen, interessiert sich das Buch Maleachi in seinen drei Kapiteln vor allem für den „Tag JHWHs" – den Tag, an dem Gott kommt und Gericht hält. Damit ist einer der zentralen Topoi des Alten

Testaments angesprochen: der „Tag des Herrn", der Tag, wenn Gott wieder in seinen Tempel einzieht, wenn er in Macht und Herrlichkeit zu seinem Heiligen Berg oder in seine Heilige Stadt einzieht. Der Tag ist heiß ersehnt, aber auch gefürchtet.

𝄢 Haggai 2,6f. spricht von einer Heilszeit nach den Erschütterungen am Ende der Tage. Der Prophet Maleachi beschreibt den Tag der Ankunft des Herrn als Tag des Gerichts, wo alle „geprüft" und gereinigt werden. Es ist ein Tag der Unterscheidung.

Im Libretto ergänzen die beiden Zitate nun die Art und Weise, wie die messianische Zeit anbrechen wird: Es wird Erschütterungen der Welt und der Völker geben, wenn der Herr zu seinem Tempel kommen wird. Das Rezitativ fügt sich nahtlos an die vorigen Nummern an, weiterhin spricht offenbar „die Stimme aus der Wüste". Damit wird das Zitat aus Haggai bzw. Maleachi in gewisser Weise Johannes dem Täufer, dem Vorläufer Jesu, in den Mund gelegt.

𝄢 Zwei Dinge werden in Hag 2,6f. angesprochen: Zum einen wird es nicht mehr lange dauern, bis Gott Himmel und Erde, Meer und Festland und alle Völker erbeben lässt. Zum anderen wird dann „the desire" der Völker kommen. Liest man Haggai weiter, wird klar, dass dieses Ersehnte die Schätze (Gold und Silber) der Völker sind, die in einer Art Völkerwallfahrt zum Tempel getragen werden:

> 7 ... Dann strömen die Schätze aller Völker herbei und ich erfülle dieses Haus mit Herrlichkeit ... 8 Mir gehört

das Silber und mir das Gold ... 9 Die künftige Herrlichkeit dieses Hauses wird größer sein als die frühere ...

In der Einheitsübersetzung lautet Hag 2,7b: „Dann strömen die Schätze aller Völker herbei." Wörtlich übersetzt bleibt der Text jedoch offener: „Das Ersehnte aller Völker wird kommen."

𝄢 Während in Hag 2 der Fokus auf dem Tempel selbst liegt, der durch die Schätze der Völker mit Herrlichkeit erfüllt wird, wurde der Vers im frühen Christentum und später in der Liturgie auf den „Ersehnten", also auf einen Messias hin ausgelegt. Auch die Vulgata, die lateinische Übersetzung der Bibel aus dem 4. Jh., übersetzt: „Es wird *der* Ersehnte kommen" (veniet desidera*tus*).

𝄢 Das bedeutet aber, dass Jesus, der Christus, nicht einfach nur ein Gesalbter des Herrn ist, sondern selbst Gott, der Ersehnte, der kommen wird. In der englischen Sprache ist nicht deutlich, ob „the desire" „das Ersehnte" oder „der Ersehnte" meint. Aus dem Kontext des Librettos ist es aber wohl „der Ersehnte", der kommen wird, nämlich der Herr. Die in Nr. 4 angesprochene Herrlichkeit, die sich auf Erden zeigen wird, ist also gleichzeitig „the desire of all nations", das oder der Ersehnte aller Völker – damit wird das Haggaizitat messianisch gedeutet.

𝄢 Das Rezitativ wechselt nun zu Maleachi 3. Der Ersehnte ist der Herr, den „ihr sucht", und der Bote des Neuen Bundes. Er ist es, der plötzlich zu seinem Tempel kommt.

𝄢 Die Verknüpfung mit Haggai verstärkt demnach die messianische Interpretation: Denn der, den „die Stimme aus der Wüste" im Johannesevangelium ankündigt, der als die Herrlichkeit Gottes offenbart wird, der Ersehnte der Völker und Bote des Neuen Bundes, wird dadurch zu einer messianischen Gestalt: Der alttestamentliche Tag JHWHs wird zum Tag Christi – und der Einzug Gottes in seinen Tempel wird zum Einzug Christi.

Dieser „Tempel" hat nun im Libretto drei Aspekte:

a) Liturgisch gesehen *kommt Jesus als Kind in „seinen" Tempel und wird dort als der Gesalbte erkannt:*
Im Book of Common Prayer von 1662 wird Hag 2 als Lesung am Fest der „Darstellung Jesu im Tempel" gelesen, und zwar als Lesung zum Abendgebet. Die „Darstellung Jesu im Tempel" wird am 2. Februar gefeiert, hierzulande ist das Fest unter dem Titel „Mariä Lichtmess" geläufig. Das Book of Common Prayer 1549, das Jennens ja vorzugsweise verwendet, nennt es „Purification of Mary". Auffälligerweise wird auch Mal 3 zu diesem Fest (am Tag) gelesen. Die Darstellung Jesu im Tempel wird in Lukas 2,25–38 geschildert: Maria und Josef bringen das Kind „nach den Tagen der Reinigung" in den Tempel. Jesus kommt also hier zum ersten Mal in den Tempel und wird von dem greisen Simeon und der Prophetin Hanna gleichermaßen als Gesalbter des Herrn erkannt.

b) Zum Zweiten, vom Glaubensbekenntnis her betrachtet, unterstreicht das Kommen in den Tempel *die Gottessohnschaft Christi:* Der Tempel von Jerusalem gehörte selbstverständlich Gott. Wenn Jesus nun diesen Tempel als „seinen" Tempel aufsucht, zeigt er damit, dass er selbst Gott ist. Der Satz „Gott von Gott" wird damit illustriert. Durch die Verknüpfung des Tag-JHWH-Motivs (Mal) mit der Darstellung Jesu im Tempel (Hag) wird beides zu einem einzigen Ereignis: Der Tag JHWHs, der Tag des Herrn, ist im Libretto nicht der alttestamentlich erwartete Tag, wo Gott seine Herrschaft antritt, sondern er wird zum Tag Christi, wenn er ins Haus seines Vaters und damit in sein eigenes „Zuhause" kommt: Damit geht das Libretto noch einen Schritt weiter als die Liturgie, wenn es an dieser Stelle bekennt: Jesus Christus ist der Sohn des Vaters, Gott von Gott. Eindrucksvoller kann seine Gottessohnschaft nicht ausgedrückt werden.

c) Zum Dritten jedoch wurde „Tempel" auch als Synonym für Jesu Leib verstanden. Jesus spricht im Johannesevangelium selbst einmal in diesem Sinne vom Tempel:

> 18 Die Juden nun antworteten und sprachen zu ihm: Was für ein Zeichen der Vollmacht zeigst du uns, dass du dies tust? 19 Jesus antwortete und sprach zu ihnen: Brecht diesen Tempel ab und in drei Tagen werde ich ihn aufrichten. 20 Da sprachen die Juden: Sechsundvierzig Jahre ist an diesem Tempel gebaut worden und du willst ihn in drei Tagen aufrichten? 21 Er aber sprach von dem *Tempel seines Leibes* (Joh 2,18ff.).

Wenn „Tempel" „Leib Jesu" bedeuten kann, so die frühchristliche Argumentation, meint der Satz „Jesus kommt in seinen Tempel" so viel wie „Jesus, der Gottessohn, kommt in seinen Leib." Für Augustinus ist von daher Mal 3 eine *Prophetie der Inkarnation*:

> An dieser Stelle hat er die erste und die zweite Ankunft Christi vorherverkündet; die erste nämlich in den Wor-

> ten: „Und alsbald wird er in seinen Tempel kommen",
> das heißt *in sein Fleisch*, von dem er im Evangelium sagte: „Brecht diesen Tempel ab und in drei Tagen werde ich ihn wieder aufrichten"; und die zweite in den Worten: „Siehe, er kommt, spricht der Herr, der Allmächtige; und wer wird den Tag seines Einzugs ertragen …"

Die Verbindung von Hag 2 und Mal 3 dient auf diese Weise als Schriftbeweis für gleich mehrere Dinge: für Jesu Kommen in den Tempel, wie es in Lk geschildert wird; für die Gottessohnschaft, insofern es „sein eigener" Tempel ist, in den er da kommt; und für die Menschwerdung Christi, insofern „der eigene Tempel" auch ein Synonym für den eigenen Leib sein kann.

𝄢 Von daher ist es verständlich, dass Mal 3 im Book of Common Prayer auch am Fest Johannes' des Täufers gelesen wird: Das Kommen des Herrn und auch der furchterregende „Tag des Herrn", der die Endzeit einläutet, ereignet sich in Form der Geburt, der Menschwerdung Christi und wird somit zur adventlichen Botschaft des Johannes: Die Endzeit ist da, der Messias kommt. Und, wie es die Arie Nr. 3 so treffend ausdrückt: „Wer kann bestehen am Tag seiner Ankunft?"

Nr. 7 Chorus: He shall purify

Musik
Die „Reinigung" erfolgt in einer Allegro-Fuge in g-Moll. Die Tonart und die kurzen hohen Töne im 3. Takt des Fugenthemas lassen diese Reinigung als nadelstichartig unange-

nehm, jedoch nicht verheerend oder vernichtend erscheinen. Kein dramatisches Strafgericht, wie die musikalische Gestaltung der Alt-Arie Nr. 6 von 1750 implizierte, sondern eine unangenehme und doch heilsame Läuterung von todbringenden (g-Moll als Tonart des Todes) Verhaltensweisen ereignet sich hier.

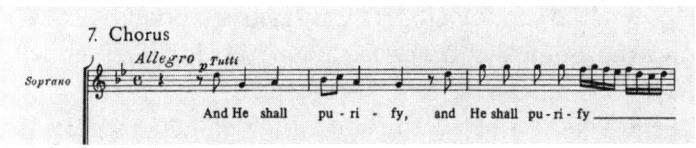

Notenbeispiel 2: Nr. 7, Sopranstimme, Takt 1–3

Das durch den homofonen Satz am Schluss der Nummer ausgedrückte Ziel der Reinigung ist es, gemeinsam (Homofonie!) dem Herrn (hier wieder in D-Dur!) in rechter Weise zu opfern.

Text

🜚 Das Ziel dieses dramatischen Tages ist nicht Zerstörung und Bestrafung, sondern Reinigung. So nimmt der erste Abschnitt des Werkes nicht das Exil in den Blick, sondern den Aufruf des Johannes, sich zu bekehren, da der Tag des Herrn nahe ist. Auffälligerweise sind vor allem die Leviten angesprochen, die gereinigt werden sollen. Die Botschaft des Kommens des Herrn geht an alle Menschen, die Ankündigung der „Reinigung" und Bekehrung geht in besonderer Weise an die „Leviten". Bereits Augustinus hat ausgeführt, wie das zu verstehen sei:

> „Unter den Söhnen Levis aber ist ... die Kirche Gottes zu verstehen, geschart nicht nur aus den Juden, sondern auch aus anderen Völkern; und zwar nicht die Kirche in ihrem jetzigen Zustand, (...) sondern in ihrem künftigen Zustand, gereinigt durch das Jüngste Gericht (...)."

Diese verstörenden Ereignisse, die vielen Angst machen (Nr. 6), sind somit weniger Strafe Gottes, sondern notwendige Läuterung der Kirche von allem, was nicht gottgefällig ist.

𝄢 Die Verse passen damit auch hervorragend an den Beginn eines Gottesdienstes: Die innere Reinigung, die Vorbereitung auf die Feier des Opfers Christi, erfolgt am Anfang der Liturgie und äußert sich in den Kyrie-Rufen: „Herr, erbarme dich" und vor allem im Gebet davor, das der Priester spricht: „clense the thoughtes of our hartes, (...) that we may perfectly love thee, and worthely magnifie thy holy name." (*Reinige* die Gedanken unserer Herzen, dass wir dich vollkommen lieben und *würdig* deinen heiligen Namen preisen.)

𝄢 Die Einsicht, wie notwendig Gottes Erbarmen angesichts der Schuld seines Volkes ist, schwang schon in der Arie zum Text von Mal 3,2 mit: „Wer kann bestehen am Tag seiner Ankunft?" Die Reinigung der Gläubigen durch Gott, um das Opfer würdig zu begehen, ist Thema des Chores Nr. 7. Das Libretto weist also bereits hier Parallelen zu den Elementen einer Messfeier auf. Schon von daher dürfte der hochdramatische zweite Teil der Arie Nr. 6 von 1750 wohl nicht mehr zu Jennens' Intentionen gezählt haben.

... wahrer Gott vom wahren Gott, ... – Mariä Verkündigung
3. Szene: Nr. 8–11
Rezitativ: Behold

Musik
Die Geburt Jesu von einer Jungfrau gilt als ein zentraler Beweis seiner Göttlichkeit. Sie ist nach christlichem Glauben in Jes 7,14 vorausgesagt. Die bekannte Weissagung „Siehe, eine Jungfrau wird einen Sohn gebären" wird scheinbar schlicht in einem Rezitativ verkündet. Doch erstrahlt hier und in der daran anschließenden Arie zum ersten Mal die „Königs-Tonart" D-Dur. Der zukünftige „King of Kings" wird also nicht unter „normalen" Umständen geboren. Schon sein Kommen in die Welt ist von besonderen Umständen geprägt.

Text
Eine Jungfrauengeburt als „Beweis" für die Göttlichkeit eines Menschen anzusehen, war bereits im alten Ägypten üblich: Dort wurde der Pharao am Tag seiner Thronbesteigung als „von einer Jungfrau geboren" bzw. „von Gott gezeugt" vorgestellt.
𝄢 Dass der biblische Referenztext Jes 7,14, der im Libretto zitiert wird, von Anfang an messianisch verstanden wurde, ist eher unwahrscheinlich. Immerhin scheint es auch eine solche Auslegungsmöglichkeit gegeben zu haben, sonst hätten sich die Verfasser des Neuen Testaments wohl nicht dieses Verses bedient. Matthäus 1,23 zitiert den Vers und verstärkt dabei den Gedanken der Göttlichkeit zweifach: Ei-

nerseits verwendet er den griechischen Begriff „parthenos" (Jungfrau), der auch in der alten griechischen Übersetzung des Alten Testaments (der Septuaginta) aufscheint. In der hebräischen Bibel steht allerdings nicht das Pendant *betulah*, sondern ein etwas offeneres Wort, nämlich *almah*, das nicht sehr häufig vorkommt und nicht eindeutig mit „Jungfrau" übersetzt werden muss. In den ersten nachchristlichen Jahrhunderten entstand daher ein großer Streit zwischen Christen und Juden. Letztere übersetzten *almah* mit „junger Frau" und entzogen so der messianischen Verheißung in Jesaja den alttestamentlichen Boden. Die Frage, welche Übersetzung die „bessere" ist, lässt sich nicht eindeutig klären, da es auch für „junge Frau" ein einschlägigeres Wort gibt, nämlich *na'arah*. Für Christen war es jedenfalls ohne Zweifel, dass bei Jesaja die Jungfrauengeburt vorausgesagt wird, die bei Matthäus und Lukas zur Sprache kommt.

𝄢: Die zweite Verstärkung der Göttlichkeit durch Matthäus besteht darin, dass er den Namen „Immanuel", den das Kind erhalten wird, übersetzt und dadurch zum „Programm" macht: „Gott mit uns". Die sprechenden Namen des Alten Testaments haben durchgehend sinnenfällige Bedeutungen und wurden sehr häufig als Wesensbeschreibung, als „Programm" verstanden. Matthäus steht hier also in einer Tradition, wenn er verdeutlicht: „Immanuel", heißt „Gott mit uns". Wieso das Kind dann aber Jesus heißt, enthüllt Matthäus erst im allerletzten Vers seines Evangeliums. Dieser Jesus, dieser Messias, *heißt* nicht „Immanuel" er *ist* der Immanuel, er ist der „Gott mit uns". In Mt 28,20, also nach Jesu Auferstehung, nachdem er sich als göttlich erwiesen hat, sagt der Auferstandene seinen Jüngern zu: „Siehe, ich bin mit euch alle Tage eures Lebens." Er, der Gottessohn, der „wahre Gott vom wahren Gott", ist bei uns; er ist der Immanuel.

☞ Mit Jes 7,14 / Mt 1,23 wird im Libretto also die Prophezeiung des „Rufers in der Wüste" weiterentfaltet. Noch immer gibt es keinen Sprecherwechsel, sodass auch diese Worte an die vorigen anknüpfen und wie aus einem einzigen Prophetenmund stammend erscheinen. Der angekündigte Neubeginn wird sich in der Geburt eines Kindes durch eine Jungfrau verwirklichen.

... Licht vom Licht, ... –
Heilige Nacht
(Fortsetzung 3. Szene)
Nr. 8 Alt und Chor: O thou that tellest ...

Musik
Die Alt-Arie beginnt mit demselben Quintsprung abwärts wie schon die Nummern 6 und 7 und bindet sie damit zurück an die Sorge vor dem Kommen des Herrn, doch diesmal ist es nicht mehr d- (bzw. g-)Moll, sondern D-Dur.

Notenbeispiel 3a: Nr. 6, Altstimme, Takt 12–14

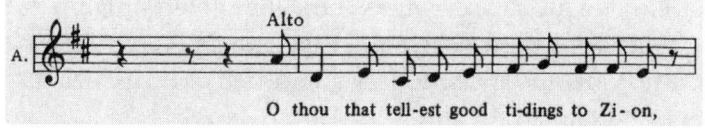

Notenbeispiel 3b: Nr. 8, Altstimme, Takt 12–14

Die Sorge ist in der weich fließenden Andante-Arie heiterer Zuversicht gewichen. Aufsteigende Sequenzen finden sich passend zum Text auf „lift up" und „is risen", ausgedehnte Koloraturen auf dem Wort „glory". Der Chor nimmt das Thema auf und führt es zunächst polyfon, dann homofon weiter. Ein instrumentales Nachspiel verschafft einen kurzen Moment der gedanklichen Ruhe.

Text

Die Alt-Arie beschreibt die Botschaft von der Geburt des Immanuel als „frohe Botschaft", als *glad tidings*, was im Christentum wiederum ein geprägter Ausdruck für das Evangelium = die Frohbotschaft wurde. Die jesajanische, in Matthäus 1,23 zitierte Verkündigung wird mit der frohen Botschaft gleichgesetzt, die die Künderin von Jes 40,9 verkündigen soll und die da lautet: „Siehe, dein Gott!" (*Behold your God!*). Damit verstärkt das Libretto noch einmal mehr die angezielte Aussage: Der Neubeginn, das tröstliche, umwerfende, auch furchterregende, aber letztlich Frieden bringende Kommen Gottes, dieser Tag JHWHs bricht an durch ein Kind, das Gottes Sohn ist, das von einer Jungfrau geboren wird und das selbst Gott ist, ein Gott, der mit uns ist.

Die Arie schlägt nun die Brücke zu einem weiteren wesentlichen Aspekt der Messianität Christi: Der „wahre Gott vom wahren Gott" ist gleichzeitig das „Licht der Welt".

Nr. 9: Accompagnato: For behold, darkness shall cover the earth
Ein Accompagnato-Rezitativ für Bass-Stimme schildert nun diese beängstigende Finsternis in den Worten von Jes 60,2–3. Die Worte „Licht" und „Finsternis" erzeugen eine Atmosphäre, die starke Anklänge an das Schöpfungsgeschehen hat: Die Erde ist von Finsternis bedeckt. In Gen 1,1 heißt es: Die Erde war „wüst und wirr" (hebräisch: tohu wa bohu – daher unser Begriff „Tohuwabohu") und „Finsternis lag über der Urflut". Die Völker befinden sich demnach in einem Zustand wie die Erde, als sie noch nicht von Gott zum „Kosmos" geformt wurde; sie befinden sich in einem chaotischen Urzustand. Nun aber erscheint das Licht – nicht überall, sondern über Israel –, dort findet gleichsam eine Neuschöpfung statt. Und an dieser Neuschöpfung dürfen nun alle Völker teilhaben. Sie sehen das Licht und finden dadurch aus ihrer bedrohlichen Finsternis heraus. Der Bass besingt diese Finsternis in h-Moll, der Paralleltonart zu D-Dur. Die gebundenen Sechzehntelfiguren der Streicher in tiefer Lage und in Halb- und Ganztonschritten vermitteln den Eindruck von Unsicherheit, Zweifel und Orientierungslosigkeit. Die Völker „tappen im Dunkeln", sie haben nichts, woran sie sich halten können. Nach Modulierungen nach e-Moll und fis-Moll wechselt der Ton bei „Der Herr wird sich erheben" zu einem königlichen D-Dur, danach weiter zu A-Dur und zuletzt sogar zu Fis-Dur.

Text

In der oben besprochenen Alt-Arie wird einerseits der Gedanke des „wahren Gottes" abgeschlossen und andererseits ein neuer Aspekt begonnen: Der Gottessohn ist „Licht vom Licht". Der von der Jungfrau geborene „Gott mit uns" ist, durch die Kombination von Jes 40 und Jes 60,1 „dein Licht", das Licht der Welt. Die Botin selbst soll sich erheben und strahlen, denn das Licht ist gekommen und die Herrlichkeit des Herrn hat sich über „dir" erhoben.

𝄢: Davon hebt sich die Finsternis ab, in der sich die „Völker" befinden. Das Kommen des Messias wird hier aus der Perspektive der Beziehung zwischen Israel und den (anderen) „Völkern" beschrieben. Das Bewusstsein Israels, Gottes Volk zu sein, war für Israel nie Selbstzweck, sondern immer von Gott geforderte Proexistenz: Letztes Ziel war dabei, allen Völkern als Wegweiser zu dienen, als Anreiz, sich ebenfalls zu diesem Gott zu wenden. Auch das Licht, das in Jes 60,1 über Israel in einer künftigen Heilszeit aufgeht, dient vor allem dazu, die „Völker" anzulocken. Jesaja 60, eines der letzten Kapitel des Buches, schildert in eindrucksvollen Worten eine endzeitliche „Völkerwallfahrt" nach Jerusalem. Der Begriff „Völker" meint dabei immer die anderen, nicht zu JHWH Gehörigen, wird also synonym mit „Heiden" verwendet. Diese Völker schwärmen nun von überall her und versammeln sich in der „heiligen" Stadt Jerusalem vor Israels Gott. Könige kommen von überall her, es wird Freude und Frieden herrschen.

Nr. 10 Arie: The people that walked in darkness

Die daran anschließende Arie wiederholt leicht abgewandelt in Wort und Ton sowohl das Umhertappen der Völker als auch das Erstrahlen des Lichts. Diesmal ist die Textgrundlage Jesaja 9, die Tonartenfolge wiederum von h-Moll nach D-Dur, später adäquat G-Dur und e-Moll, A-Dur und fis-Moll, bevor ein Höhepunkt der Arie auf dem in der Barockzeit unerhörten Cis-Dur den „Tod", in dessen Schatten die Völker hausen, betont. Eine Tonart mit mehr als 3 Vorzeichen klang durch die damalige Stimmungsmethode bereits sehr unharmonisch, dementsprechend musste eine Tonart mit nicht weniger als 7 Vorzeichen, wie es in Cis-Dur gegeben ist, dem Ohr schon ziemlich zusetzen. Die Moll-Teile wiederum bewirken durch chromatische Tonschritte und schwierige Intervallsprünge, dass die Tonart verundeutlicht und somit die Orientierungslosigkeit noch spürbarer gemacht wird.

Text
Jesaja 9 hat eine ähnliche Zielrichtung wie Jesaja 60. Die Völker, die in der Finsternis wohnen, sehen das große Licht; die im Land der Todesschatten Wohnenden erleben, wie ein strahlendes Licht vor ihnen aufgeht. Auch hier gelangt man aus der Finsternis ins Licht. Doch ist in Jes 9 nur von einem „Volk" die Rede. Im Englischen jedoch wird kein Unterschied gemacht. Beide Male heißt es „the people". Dieses Volk (Jes 9) bzw. diese Völker (Jes 60) sehen nun das große Licht.

Nr. 11 Chor: *For unto us a child is born*

Musik
Nun erfolgt die Pointe: Das große Licht wird in Form der Geburt eines göttlichen Kindes aufstrahlen. Das Volk bzw. die Völker werden zu einem „Wir". Wer immer dieses „Volk" sei, ob Israel oder alle Völker, die im Dunkeln wandeln, letztlich sind „wir" es. „Uns" geht das große Licht auf, „uns" wird das Kind geboren. Dieses Kind wird mit einer Reihe von messianischen Attributen geschildert: „Wunderbar", „Ratgeber", „mächtiger Gott", „ewiger Vater" und „Friedensfürst".

♪: Der Chor bejubelt die Geburt dieses Kindes „für uns" in strahlendem G-Dur. Bei den Worten, die auf die Königsherrschaft des Kindes hinzielen (*and the government shall be upon His shoulder*), wechselt das G-Dur jedoch anfangs zu D-Dur, der Königstonart. Im Laufe des Chores verschiebt sich das musikalische Gewicht auf das Wort „Friedensfürst" und das D-Dur verschwindet. Mit den Worten „the Prince of Peace" endet die dritte Szene dann auch und leitet bereits zur nächsten über.

Text
Die beiden Texte mit ihrer ausführlichen Beschreibung der Heilszeit hatten auf das Neue Testament und dadurch auch auf die Liturgie bis heute großen Einfluss.

♪: Zwischen Jes 60, den daran anschließenden Versen aus Jesaja 9 und dem Neuen Testament finden sich zahlreiche Verflechtungen: Das Motiv des Lichtes, das in die dunkle Welt kommt und eine neue Heilszeit eröffnet, wird im Johannes-, Matthäus- und im Lukasevangelium auf Christus hin entfaltet: Im großen Prolog des Johannesevangeliums wird Jesus als das Licht, das in die Welt kommt, dargestellt (Joh 1,4f.): „In ihm (dem Logos-Christus) war Leben und das Leben war das Licht der Menschen. Und das Licht scheint auf in der Finsternis (...)." Bei Matthäus ist es der Stern, der die Sterndeuter auf die Geburt des Judenkönigs aufmerksam macht. Im Lukasevangelium wird das Aufscheinen des Lichts, von dem Jesaja spricht, als Himmelserscheinung gedeutet: Hier sind es die Engel, die in der Nacht den Himmel erleuchten, wenn sie den Hirten die Geburt Christi verkünden. Die Verflechtung der Texte im Libretto stützt sich also bereits auf die innerbiblischen reichhaltigen Bezugnahmen zwischen Altem und Neuem Testament. Im Book of Common Prayer werden denn auch Jes 7 und 9 zur Feier der Geburt Christi am 24. 12. gelesen, Jes 60 als Abendgebet desselben Tages. Das Libretto bedient sich dieser vertrauten Texte für seine Botschaft, nämlich das Christusereignis als in all seinen Aspekten vom Alten Testament vorausgebildetes und vorausgesagtes Ereignis zu begreifen. Gott ist das Licht der Welt und dieses Licht der Welt wird wiederum mit der Herrlichkeit Gottes gleichgesetzt. Dieses Licht geht den „Völkern", also den Heiden und damit den späteren Christen, in der Geburt Christi auf, in der Geburt dessen, der Gott ist und königlich und friedensstiftend regieren wird.

... für uns Menschen und zu unserem Heil ist er vom Himmel gekommen, hat Fleisch angenommen ... – Christtag
4. Szene: Nr. 12–15
Nr. 12 Pifa

Die nun anschließende „Pifa" ist Hirtenmusik, die die neue Szene einleitet. In wiegendem 12/8-Rhythmus, in harmonischen Terzen in C-Dur, mit verspielten Trillern durchsetzt, bringt sie bewusst Ruhe und harmonische Einfachheit in das bisherige dramatische, kühn modulierende musikalische Geschehen. In tänzerischem, volkstümlich anmutendem Ton wird eine friedliche Idylle suggeriert.
Dramaturgisch hat die Pifa hier mehrere Funktionen:
a) Sie stimmt atmosphärisch auf die neue Heilszeit ein: Dunkelheit und Unsicherheit, Angst und Verwirrung sind gewichen. Hirten können ihre Schafe gefahrlos weiden lassen in solch einer Idylle.
b) Sie trennt vor allem die alttestamentlichen Verheißungen von der neutestamentlichen „Erfüllung". Bisher waren die alttestamentlichen Propheten am Wort. Sie „verhießen" einen Tröster, der dem Volk Sündenvergebung zuteilwerden lässt, einen wahren Gott, der zu unserem Heil Mensch wird, der Licht der Welt und Friedensfürst ist. Das wird nun nach der Pifa als „erfüllt" beschrieben.
c) Die Pifa wirkt im Libretto wie eine feierliche Pause vor der Verlesung des Evangeliums. Damit geht das Libretto wieder entlang der Gottesdienstordnung: Nach der Lesung erfolgt ein Zwischengesang oder ein Hallelujaruf, danach wird das Evangelium gelesen. Das geschieht auch hier: Nach den alttestamentlichen Texten dient die Pifa als ein solcher

Zwischengesang, bevor das Evangelium zu Wort kommt. Und: Nur hier im gesamten Oratorium wird ein längerer Evangeliumstext verwendet. Das deutet darauf hin, dass Jennens sehr bewusst auf die liturgische Ordnung anspielt.

Nr. 13–15 Rezitativ: *There were shepherds* / Accompagnato: *And lo, the angel of the Lord came upon them* / Rezitativ: *And the angel said to them* / Accompagnato: *And suddenly* / Chorus: *Glory to God*

Musik
Die nun folgenden Musiknummern werden vom Sopran gesungen. Dabei wechseln sich zweimal je ein Rezitativ secco (ohne Instrumente außer dem Continuo) mit einem Rezitativ accompagnato ab. Die zweimalige Accompagnato-Form des Rezitativs untermalt jeweils eine himmlische Erscheinung: zunächst die des einen Engels, der die frohe Botschaft verkündet, sodann jene des himmlischen Heeres der Engel. Die Botschaft selbst wird in kühnen Modulationen vorgetragen, die in fis-Moll enden, bevor die Engelschar das bleibende D-Dur mit sich bringt. Der Chor stimmt das liturgisch bedeutungsvolle „Gloria" an – und hier erschallen deshalb zum ersten Mal in dem Werk die Trompeten. Händel wollte sie eigentlich aus der Ferne (da lontano e un poco piano), verborgen hinter der Bühne, klingen lassen, wohl um die große Höhe deutlich zu machen, aus der die Engel ihren Lobpreis anstimmen. Doch wird diese Angabe selten berücksichtigt. Der Frieden auf Erden wird mit langen und tiefen Tönen heraufbeschworen und kontrastiert mit den hohen Gloria-Rufen. Zuletzt verflüchtigen sich die Engel wieder in einem reizvollen Diminuendo in die Höhe zurück.

Text und theologische Bedeutung
Mit dem Text des Lukasevangeliums wird die von den Propheten „verheißene" Menschwerdung des Gottessohnes als „erfüllt bewiesen". Dass Jennens gerade diesen Text ausgesucht hat (und nicht etwa direkt die Szene im Stall oder aber die Verehrung der Könige aus dem Matthäusevangelium), hat mehrere Implikationen:
1) Der Text hat Stichwortzusammenhänge zu den vorigen Texten, zum Beispiel:

	Lk 2,8–11.13–14
Nr. 6: Mal: But who shall *abide*	Rez.: there were shepherds *abiding*
Nr. 4: Jes 40,5: *The glory of the Lord* shall be revealed	Nr. 13: Lk: *the glory of the Lord* shone
Nr. 8: Jes 60,1: *The glory of the Lord* is risen	
Nr. 8: Jes 40,9: *Be not afraid*	ebd.: *they were sore afraid*
	Rez.: *fear not*
O thou who tellest good tidings	*good tidings*
Nr. 9 + 10: Jes 60,2,3 / 9,2: *the people*	*(to all) people*
Nr. 11: Jes 9,6: *For unto us* a child *is born*	*For unto you is born* ... a Saviour
Nr. 8: *cities of Judah*	*city of David*
Nr. 12: Jes 9,6: (Prince of) *Peace*	Nr. 15: *Peace* (on earth)

Er entfaltet die allgemeine Ankündigung des Lichtes in der Dunkelheit nun konkret: Die Herrlichkeit des Herrn (the glory of the lord) leuchtet auf, wenn die Engel die Botschaft von der Geburt Christi verkünden. Der Sohn, der geboren wird, der das Licht der Welt ist und „Wunderbar", „Ratgeber", „Friedensfürst" etc. genannt wird (Nr. 11), entpuppt sich nun als Christus, der Retter (Nr. 15). Damit ist auch etwas Neues in die Welt gekommen: Die Friedensherrschaft ist angebrochen. Sie äußert sich etwa in der Hirten-Thematik, die hier, nach der Geburt des Kindes, zum ersten Mal einsetzt und bis zum Ende des Werkes erhalten bleibt. Anders als im Matthäusevangelium wird der Friede herausgestellt, der durch Jesu Geburt eintritt. Kein Kindermord, keine Flucht nach Ägypten trübt das friedliche Bild. Statt Angst und Schrecken verkündet der Engel Friede und Freude für alle Völker. Die Angst, die in Nr. 6 so deutlich zum Ausdruck kam und in Nr. 8 als nicht notwendig bewertet wurde, wird nun wieder aufgenommen: Auch die Hirten haben Angst, als sie mit dem Göttlichen in Berührung kommen. Doch auch ihnen wird gesagt: „Fürchtet euch nicht!" Damit wird das „Tröste dich" des Beginns wieder aufgegriffen. Der Kommende, der Messias, zeichnet sich dadurch aus, dass er gerade nicht nur Furcht und Schrecken verbreitet, sondern Frieden bringt und den Menschen gegenüber wohlgefällig ist.

1) Auch das Leitwort „Saviour", Erlöser, scheint hier das erste Mal auf. Durch den Lukastext wird die Spannung der Erwartung, die in Jesaja aufgebaut wurde, aufgelöst und verdeutlicht. Er eignet sich daher ausgezeichnet als „Beweis".

2) Lk 2 wird zu Weihnachten am Christtag (25. Dezember) gelesen. Er ist somit auch von der Leseordnung her ein wichtiger und bekannter Text.

3) Der Text hat große Bedeutung in einer zentralen theologischen Frage, deren Antwort sich im Glaubensbekenntnis

niederschlug, und zwar in der Frage, wie sich in Jesus der göttliche und der menschliche Anteil zueinander verhalten, also was an ihm Gott und was an ihm Mensch sei. Vor allem stand dabei Marias Rolle zur Diskussion: Konnte sie, ein Mensch, einen Gott gebären? Oder gebar sie nur den menschlichen Teil Jesu, während das Göttliche erst danach hinzukam? In der frühen Kirche, in der sich letztlich die Vertreter der „Gottesgebärerin" durchsetzten, wurde in dieser heiklen Frage Lk 2 als Beleg dafür zitiert, dass Maria tatsächlich eine Gottesgebärerin war. Das Hauptargument fand man in Lukas 2,11:

> Cyrillus von Alexandrien († 444) schreibt dazu:[22]
> Wenn sie aber fortfahren sollten zu fragen, an welcher Stelle der Schrift die Jungfrau Gottesgebärerin geheißen werde, so mögen sie hören, wie der Engel dies deutlich den Hirten verkündet, indem er sagt: „Heute ist euch ein Heiland geboren worden, der da ist Christus, der Herr." Er sagt nicht: welcher der Herr sein wird, oder: in welchem der Herr Wohnung nehmen soll, sondern: welcher der Herr *ist*. Sieh also, wie der Engel den, der geboren worden, deutlich als Herrn verkündet!

Damit ist deutlich: Jesus wurde bereits als der Christus geboren. Im Glaubensbekenntnis wird das mit dem Satz ausgedrückt:
𝄢 „Und er hat Fleisch angenommen vom Heiligen Geist aus der Jungfrau Maria und wurde Mensch." Erst nach der Annahme des Fleisches bei der Geburt wurde er also Mensch, nicht schon davor.

4) Nicht zuletzt hat der Text aber auch *liturgische* Bedeutung: Der darin enthaltene Jubelruf der Engel ist nicht weniger als der Beginn des „Gloria in excelsis", ein Teil der katholischen und anglikanischen Messordnung. Interessanterweise und sicher bewusst setzt Jennens dieses Gloria hier an diese Stelle, zu Lesung und Evangelium. In der Messordnung von 1549 wird das Gloria unmittelbar vor den Lesungen gesungen, hier im Libretto erscheint es verflochten mit den Lesungen. Möglicherweise ist damit auch ein Protest gegen die neuere Gottesdienstordnung angebracht, die das Gloria an den Schluss der Liturgie setzt. Es fällt zumindest auf, dass genau solche strittigen Elemente im Libretto besonders hervorgehoben sind (vgl. auch in Teil III die Frage der Postkommunion und der Begräbnisliturgie).

5. Szene: 16–18
Nr. 16 Arie: Rejoice greatly

Musik
Das Kommen des Königs und Retters, das durch die Engel in der letzten Szene verkündet wurde, wird nun in einer Sopran-Arie gepriesen. Der Sopran jubelt mit Koloraturen und Aufwärtssprüngen in B-Dur. Im ruhigeren Mittelteil wird der Frieden, den der „rightous Saviour" bringt, mit mehrfachen, durch Atempausen getrennten Wiederholungen des Wortes „Peace" dargestellt. Die Legatolinien und langen Noten kontrastieren dabei reizvoll zum freudig hüpfenden schnellen Teil.

Text
Durch die Stichworte „Retter" (Saviour, Nr. 13), „Friede" (peace, Nr. 11; 15) und „Freude/Jubel" (joy, Rez. vor Nr. 14) ist Nr. 16 mit seinem Text aus Sach 9,9f. im Libretto eng mit dem vorhergehenden Lukastext verbunden und knüpft dadurch nahtlos die erste „Erfüllung" an die nächsten „Verheißungen": Der Messias wird friedfertig sein und, wie im folgenden Rezitativ „prophezeit" wird, er wird den Geplagten und Kranken Heilung für die Menschen bringen.

𝄢 Die Arie Nr. 16 fungiert aber auch als Brückentext nach vorne und leitet nach dem Spannungshöhepunkt der letzten Nummern bereits allmählich zum Teil II des Oratoriums über. Das verbindende Stichwort, obwohl es hier noch gar nicht explizit erwähnt wird, ist „demütig": Scheinbar tritt dieses Christus-Attribut erst am Ende des ersten Teils auf, wenn Mt 11,29 zitiert wird (Nr. 18). Doch klingt es implizit bereits hier in Nr. 16 (Sopran Arie: Rejoice) an. Der wohlbekannte Text lässt nämlich zwei Halbverse aus, die in genau diese Richtung gehen:

Libretto	**Sach 9,9f.**
Rejoice greatly, O daughter of Zion; Shout, O daughter of Jerusalem: behold, thy king cometh unto thee.	Juble laut, Tochter Zion! Jauchze, Tochter Jerusalem! Sieh, dein König kommt zu dir.
He is the righteous Saviour,	Er ist [der gerechte Helfer/Retter]; *(er ist demütig und reitet auf einem Esel, auf einem Fohlen, dem Jungen einer Eselin. 10 Ich vernichte die Streitwagen aus Efraim und die Rosse aus Jerusalem, vernichtet wird der Kriegsbogen.)*
and He shall speak peace unto the heathen.	Er verkündet für die Völker den Frieden;

Sach 9,9 wird im Neuen Testament sehr breit rezipiert und auf Jesus bezogen, vor allem in der Erzählung vom Einzug Jesu in Jerusalem. Bei Matthäus heißt es explizit:

> 1 Als sich Jesus mit seinen Begleitern Jerusalem näherte und nach Betfage am Ölberg kam, schickte er zwei Jünger voraus 2 und sagte zu ihnen: Geht in das Dorf, das vor euch liegt; dort werdet ihr eine Eselin angebunden finden und ein Fohlen bei ihr. Bindet sie los und bringt sie zu mir! 3 Und wenn euch jemand zur Rede stellt, dann sagt: Der Herr braucht sie, er lässt sie aber bald zurückbringen. 4 Das ist geschehen, damit sich erfüllte, was durch den Propheten gesagt worden ist: 5 *Sagt der Tochter Zion: Siehe, dein König kommt zu dir. Er ist friedfertig und er reitet auf einer Eselin und auf einem Fohlen, dem Jungen eines Lasttiers* (Mt 21,1–5).

Dieser Text, der Sach 9 zitiert, wird im Book of Common Prayer zum 1. Adventssonntag gelesen, während Sach 9 selbst seinen Platz am Abend des Ostersonntags hat. Auch dadurch wird bereits die Brücke zur Verkündigung des „österlichen Geheimnisses" geschlagen.

... Mensch geworden (zu unserem Heil) – das Wirken Jesu auf Erden
Rezitativ + Nr. 17 Rezitativ: Then shall the eyes of the blind be opened / Duett: He shall feed His flock like a shepherd

Musik

In der Erstfassung des Werkes wäre jetzt immer noch der Sopran am Wort. Das scheint Händel jedoch später nicht mehr zufriedengestellt zu haben und er fertigte eine neue Fassung der Nummer für Alt und Sopran an, die heute meist gespielt wird. Das Rezitativ, das nun dem Alt zufällt, berichtet von den heilbringenden Wirkungen, die von Jesus ausgehen. Die musikalische Komposition des Duetts unterstreicht die Geborgenheit und den Schutz, die Jesus als Hirte seiner Herde zuteilwerden lässt. Dabei herrscht der pastorale Charakter vor. Ein wiegender Sechsachtel-Takt in B-Dur, gesangliche Kantilenen und ruhiges Tempo illustrieren den Hirten, der seine Schafe an seiner Brust trägt und wiegt.

Notenbeispiel 4: Nr. 17, Altstimme, Takt 4–6

Text

Nach dem Stichwort „friedfertig" und „Frieden bringend", das durch Sach 9,9 verheißen wurde, wird nun ein zweiter wichtiger messianischer Zug verkündet: Der Messias wird heilen (Rez. vor Nr. 17) und für seine „Schafe" sorgen (Nr. 17, 1. Teil). Die Verheißungen werden danach in den folgenden Nummern als „erfüllt" dargestellt (Nr. 17, 2. Teil + Nr. 18): Er rettet, *weil* er heilt, er bringt Frieden, *weil* sein Joch leicht ist. Wieder wird die Hirtenthematik eingespielt: Er erweist sich als wahrer Hirte. Nicht Angst und Schrecken, sondern Heilung und Tröstung gehen von seinem Kommen aus. Konkret werden das Öffnen der Augen der Blinden etc., also die heilenden Wirkungen seines irdischen Lebens, betont.

9: Im Libretto dient der Vers als „Schriftbeweis" für Jesu Messianität. Und wiederum kommt implizit Johannes der Täufer ins Spiel: Im Matthäusevangelium lässt Johannes Jesus fragen, ob er der so lang Erwartete, der „Kommende", sei. Jesus übermittelt ihm als Antwort:

> 4 Geht hin und sagt Johannes wieder, was ihr hört und seht: 5 Blinde sehen und Lahme gehen, Aussätzige werden rein und Taube hören, Tote stehen auf und Armen wird das Evangelium gepredigt (Mt 11,4–5).

Damit paraphrasiert Matthäus den Jesajatext des Alt-Rezitativs. Indem er Jesaja 35 einspielt, erinnert er an die Prophezeiung, die dort entfaltet wird: die Prophezeiung einer neuen Heilszeit, die man gerade daran erkennen kann, dass Blinde sehend werden etc.:

> 4 Sagt den Verzagten: Habt Mut, fürchtet euch nicht! Seht, hier ist euer Gott! Die Rache Gottes wird kommen und seine Vergeltung; er selbst wird kommen und euch erretten. *5 Dann werden die Augen der Blinden geöffnet, auch die Ohren der Tauben sind wieder offen. 6 Dann springt der Lahme wie ein Hirsch, die Zunge des Stummen jauchzt auf* (Jes 35,4–6).

Der Jesus des Matthäusevangeliums zitiert demnach selbst alttestamentliche Texte als „Beweis" für das, was mit ihm in die Welt kam: Frieden und Heil. Schon die Kirchenväter übernehmen die Argumentation, z. B. Tertullian in einer Beweisführung unter der Überschrift: „Andere Weissagungen über Jesu Leben und Tod":

> Dass ferner unser Christus alle Krankheiten heilen und Tote erwecken werde, das entnehmet folgenden Worten: „Bei seinem Erscheinen wird springen der Lahme wie ein Hirsch und deutlich wird reden die Zunge des Stummen. Blinde werden sehen, Aussätzige rein werden, Tote auferstehen und umhergehen." Dass er das wirklich getan hat, könnt ihr aus den unter Pontius Pilatus aufgenommenen Akten ersehen.[23]

Inhaltlich steht Jes 35 Jes 40 sehr nahe. Der Text (Jes 35) könnte sogar als eine Interpretation von Jes 40,3 gedeutet werden: „Das Gekrümmte wird er gerade machen" – das, was nicht in Ordnung ist, wird wieder heil.

🎵: Dadurch gelingt der Überstieg zurück zum Leitkapitel des 1. Teils mühelos. Im Kontext des Librettos zeichnet Jes 40,11 mit dem Bild vom Hirten, der seine Schafe füttert und leitet, das liebevolle, tröstende und beschützende Verhalten Jesu zu den Seinen. Die Arie bleibt aber auch bei Jes 40,11 nicht stehen, sondern verknüpft den Vers mit Mt 11,28, der seine Zuhörenden aufruft, Jesu Joch auf sich zu nehmen und bei ihm, dem Demütigen und Sanften, Ruhe zu finden.

🎵: Wenn Jesus im Matthäusevangelium von sich selbst als demütig spricht, nimmt das wieder Bezug auf Sach 9,9, sodass sich von daher ein abgerundetes Bild ergibt: Dieser eben geborene König, der die Messiaserwartungen des Jesajabuches erfüllt, kommt wie der Friedensfürst des Sacharjabuches als demütiger König. Gleichzeitig verweist der Sacharjatext auch auf einen zweiten Jesajatext, der erst im zweiten Teil des Oratoriums eingespielt wird: In Jesaja 52,7 ist ebenfalls von einem Friedensfürsten die Rede, der Frieden verkündet: „Wie lieblich sind die Schritte derer, die die Botschaft des Friedens verkünden und frohe Kunde von guten Dingen bringen" (vgl. Nr. 38). Nachfolge Christi bedeutet demnach, selbst Friede in die Welt zu bringen.

𝄢: Die Worte werden nicht wie in der Bibel von Jesus selbst gesprochen, sondern in der dritten Person erzählt und dadurch noch eleganter an die jesajanische Prophezeiung angeknüpft. Wieder einmal lässt sich der ästhetische Sinn Jennens' bewundern, der sich in kunstvollen Stichwortverknüpfungen und mühelosen, fließenden Übergängen der biblischen Texte zeigt.

𝄢: Auch Jes 35 kommt in der Adventszeit zu Gehör, wie schon bei Sach 9 nicht als eigene Lesung, sondern in seiner Zitierung durch Mt 11 (siehe oben). Mt 11,2–6 wird am 3. Adventssonntag als Evangeliumstext gelesen.

Nr. 18 Chor: His yoke is easy, His burthen is light

Musik
Der Schlusschor des ersten Teiles beschreibt lautmalerisch das Leichte des Joches Jesu. Die Melodie ist einem italienischen Duett Händels entnommen mit dem Titel: „Quel fior che all'alba ride" („Jene Blume, die am Morgen lacht"). Tänzerisch und fröhlich, in teilweise punktierten, locker

fließenden Koloraturen und weiterhin in pastoralem undramatischem B-Dur endet der Teil zart und duftig.

Text
Am Ende des ersten Teils sind die wichtigen Stichworte Joch, Hirt und Herde des zweiten Teils des Oratoriums schon eingeführt.

✸ Die Zuhörerschaft weiß bereits sehr viel über das Wesen und die Ziele des „Retters": Er ist von Johannes dem Täufer und darüber hinaus vom Alten Testament angekündigt und prophezeit. Mit ihm bricht eine neue Heilszeit an, er ist das Licht, das in die Dunkelheit dringt; er ist Retter, König, Herr. Aber er kommt demütig und fürsorglich wie ein Hirte, er heilt und tröstet, er kommt als Friedensbringer, und ihm nachzufolgen, gelingt freudig, unbeschwert und ohne große Mühe.

✸ Mit diesem Text verlässt das Libretto die Leseordnung der Weihnachtszeit und beendet den ersten Teil des Werkes stattdessen mit einem zentralen Vers des Gottesdienstablaufes: Liturgisch gesehen stellt Mt 11,28f. die Einladung zur Kommunion dar: Im Book of Common Prayer 1549 steht der Vers vor dem eucharistischen Hochgebet, dem Beginn der Feier des „Messopfers", und damit im Zentrum der Messfeier.

Mathis Gothart Grünewald (ca.1475–1525), Isenheimer Altar, Werktagsseite, Mittelbild: Kreuzigung Christi (1512–1516), Colmar.

TEIL II

Teil II: Passion – Ostern – Himmelfahrt – Pfingsten – Parusie

Überblick

In diesem Teil kommen die zentralen österlichen Glaubensgeheimnisse zur Sprache: die Passion, der Tod, die Auferstehung und Himmelfahrt Jesu, sein (triumphal vorgestellter) Einzug in den Himmel, die Gabe des Heiligen Geistes (Pfingsten) sogar an die Feinde, die daran anschließende weltweite Verkündigung des Evangeliums. Daran bindet sich die erste Hoffnung: nämlich die der endgültigen Überwindung der Gegner, die der ewigen Regentschaft Gottes.
𝄐: Von Jesu Leiden, Tod und Auferstehung wird verhüllt und nicht mit Worten der Evangelien gesprochen, sondern nahezu ausschließlich in Worten des Alten Testamentes, sieht man einmal vom Hebräerbrief ab. Das mag verschiedene Ursachen haben: Ein pragmatischer Grund wäre, dass durch die Vermeidung von Passionsberichten aus dem Neuen Testament jedem Vorwurf von Blasphemie der Boden entzogen werden sollte. Daneben wird wie im ersten Teil der Schriftbeweis aus dem Alten Testament als Beweis für Jesu Messianität herangezogen worden sein. Ein dritter, vielleicht ausschlaggebender Grund jedoch liegt in Jennens' Glaubensausrichtung als Nonjuror, wahrscheinlich sogar als Usager, begründet. Die alttestamentlichen Texte sind so angeordnet und ausgewählt, dass jeder Hinweis auf ein Opfer Christi am Kreuz vermieden wird. Stattdessen stellt Jennens gewissermaßen als Motto einen Kommunionvers an den Beginn des zweiten Teils. Damit wird deutlich, dass die Selbsthingabe Jesu auf das Engste mit der Feier des Abend-

mahls verbunden ist. Nicht der Tod am Kreuz, sondern die Einsetzung der eucharistischen Gestalten von Brot und Wein bilden das Opfer Christi für die vielen. Damit steht Jennens in einer Linie mit Thomas Deacon und anderen „Usagers", die sich für eine solche „unblutige" Opfertheologie aussprachen.

♪: Der zweite Teil des *Messiah* setzt innerhalb des Glaubensbekenntnisses demnach besondere Akzente: Christus, das Lamm Gottes, das den Gläubigen in der Eucharistiefeier geschenkt wird, nimmt durch sein Leiden die Sünde „der Vielen", „unsere" Sünden, auf sich. Doch Gott lässt seinen Getreuen nicht im Tod. Zuletzt wird er über seine Feinde triumphieren.

Er wurde für uns gekreuzigt unter Pontius Pilatus ...
1. Szene: Nr. 19–27

♪: Dieser Passus des Glaubensbekenntnisses wird unverhältnismäßig breit entfaltet. Das spiegelt die Bedeutung und die Komplexität dieses nur scheinbar schlichten Satzes wider. Mehrere Aspekte daran sind lang diskutierte zentrale christologische Momente. Da ist zunächst einmal die Frage der Göttlichkeit Jesu. Wenn Jesus tatsächlich „eines Wesens mit dem Vater" war, also die göttliche Natur in sich trug, wie verhält es sich dann mit seiner Leidensfähigkeit? Hat er *tatsächlich gelitten* und ist tatsächlich gestorben oder konnte er dank seiner göttlichen Natur all das, quasi zum Schein und ohne Schmerzen zu empfinden, über sich ergehen lassen? Wie verhalten sich göttliche und menschliche

Natur zueinander? Für Christen war von Anfang an klar, dass es sich beim Leiden Jesu um ein tatsächliches Leiden gehandelt hatte, nur die genaue Bestimmung gelang erst nach langem Ringen. Gleichzeitig bot der Satz „wahrer Gott und wahrer Mensch" immer wieder Angriffsfläche für Gegner, die dieses scheinbare Paradoxon nicht nachvollziehen konnten. Daher war der Satz „er hat gelitten" wichtig und bedeutsam.

𝄢 Der zweite Moment liegt in der Vorstellung, dass trotz des schändlichen und nur Verbrechern vorbehaltenen Kreuzestodes Jesu Sterben kein selbst verschuldetes war. Im Gegenteil, es war geradezu *„heilsnotwendig"*. Er musste leiden und sterben, um uns zu erlösen. Dieser Glaubenssatz gehört zu den wichtigsten und gleichzeitig schwierigsten der christlichen Lehre. Wie konnte es sein, dass Gott seinen Sohn geopfert hat? Wie kann ein Tod die Sünde „der Vielen" sühnen? Wie konnte Jesus Gott sein und dennoch nichts vom Plan Gottes wissen? All diese Fragen und noch manche andere sind darin enthalten und mussten in zahlreichen Konzilien gründlichst bedacht werden.

𝄢 Ein wichtiger Text, um diesen komplexen Sachverhalt aus der Schrift zu deuten, war und ist dabei Jesaja 52,13–53,12, das sogenannte „vierte Gottesknechtslied". Dieser Text wird dem ersten Abschnitt des zweiten Teiles als roter Faden unterlegt. Wie kaum ein anderer Text vermag er das unerhörte Skandalon eines gekreuzigten Messias' positiv zu deuten.

𝄢 Im Alten Testament finden sich einige Texte (z. B. das Buch der Sprichwörter), die davon ausgehen, dass ein glücklicher Mensch vom Himmel gesegnet sei, während

Leid als Folge eines Fehlverhaltens gilt. Wenn nun ein angeblich Erwählter Gottes von großem Leid heimgesucht wird, lässt das Zweifel wach werden, ob es mit seiner Erwählung tatsächlich weither sei und, schlimmer noch, ob er nicht im Gegenteil Schuld auf sich geladen und so durch seine Taten die „Bestrafung" Gottes auf sich herabgerufen habe. Dagegen betont Jesaja 53, dass das große Leid dessen, den alle verachteten, wegen *„unserer"* Sünden auf ihn gekommen war.

Exkurs: Das vierte Lied vom Gottesknecht

Das vierte Lied vom Gottesknecht hat im Alten Testament eine besondere Funktion: Erstmals seit Beginn des Babylonischen Exils wird eine neue Einsicht über die Ursachen der großen Katastrophe formuliert. Hatte man bis dato die Schuld Israels in den Vordergrund gestellt und darin den Grund des Zusammenbruchs gesehen, wurde in diesem Text eine neue Perspektive wachgerufen: Der Gottesknecht war Israel. Das Leiden Israels war demnach kein selbst verschuldetes Leiden, sondern stellvertretendes Leiden, Leid „für andere", Leid für andere Sünden. Im Neuen Testament wird mithilfe dieses bekannten Textes Jesu Tod am Kreuz gedeutet. Auch er hat nicht aus eigener Schuld gelitten, sondern „für viele". Diese Formulierung ist ins Neue Testament eingegangen (vgl. Mt 20,28: „gleichwie der Sohn des Menschen nicht gekommen ist, um bedient zu werden, sondern um zu dienen und sein Leben zu geben als Lösegeld für viele" und die Einsetzungsworte beim letzten Abendmahl bei Mk und Mt, mit den Worten: „Das Blut des Bundes, das für viele vergossen wurde": Mt 26,28; Mk 14,24) und bildet einen zentralen Bestandteil etwa der römisch-katholischen Liturgie. Jesus verkörpert somit das wahre Israel, den wahren Gottesknecht. Und wie auch der Gottesknecht will er durch sein Leiden nicht nur andere erlösen, sondern auch ein Umdenken des beobachtenden „Wir" erreichen. Sie sollen den erkennen, der sich hinter dem scheinbar von Gott Geschlagenen verbirgt. Diesen Gottesknecht spricht nun das Libretto an.

Nr. 19 Chor: Behold the Lamb of God

Musik
Der zweite Teil schließt an den ersten an, indem er musikalisch die Paralleltonart von B-Dur, nämlich g-Moll, anstimmt und textlich an die Hirtenthematik und das „Auf-sich-Nehmen" des ersten Teils anknüpft: Während dort aufgefordert wird, das Joch dessen, der seine Lämmer weidet und sammelt, auf sich zu nehmen, ist es nun das Lamm Gottes selbst, das die Sünde der Welt auf sich nimmt. Während die Last Jesu leicht ist, deutet bereits die Musik an, dass die Last der Sünde schwerer zu (er)tragen ist. In feierlich ernstem g-Moll und mit schmerzlichen Oktavsprüngen wird die gesamte schwere Last der Sünde gleichsam umfasst.

Text
Joh 1,23 ist ein zentraler liturgischer Vers. Im Book of Common Prayer wird er als Bibelvers zur Kommunion gesprochen. Noch berühmter ist er jedoch als Teil des „Agnus Dei", des fünften Teils der katholischen Messordnung, der

ebenfalls im Umfeld der Kommunion gesungen wird. Die anglikanische Kirche übernahm anfangs die katholische Messordnung. Im BCP von 1549 findet sich das Agnus Dei daher noch als fester Bestandteil der Liturgie. Später jedoch wurde es verworfen. Vielleicht lag es an solchen katholisierenden Textteilen, dass das Werk in Dublin hymnisch, in London dagegen nur sehr zurückhaltend aufgenommen wurde.

Nr. 20 Arie: He was despised

Musik
Zunächst entfaltet eine berührende Alt-Arie in langsamem Es-Dur das wahre Leiden des Messias, seine willige und widerstandslose Fügung in seine Folter. Die Worte kommen der Altstimme nur mühsam über die Lippen, sie werden unterbrochen durch Seufzer der Geigen. Absteigende Gesangsphrasen zeichnen die Schwere der Last nach, die der Leidende zu tragen hat, und im Mittelteil illustrieren punktierte Akkorde die Geißelhiebe.

Text
Dass der Messias ein leidender Messias sein muss, ist im Alten Testament nicht eindeutig vorgegeben. Es gibt (vgl. den Exkurs „Messiaserwartung und ‚Schriftbeweis' des Alten Testaments") unterschiedlichste messianische Erwartungen. In Jes 53 allerdings ist, wie insgesamt in den vier Gottesknechtsliedern, sehr breit von einem leidenden „Knecht Gottes" die Rede. Diese Texte müssen, wie schon erwähnt, nicht auf eine messianische Einzelperson gedeu-

tet werden, sondern wurden meist auf das Gottesvolk bezogen. Doch war auch die messianische Deutung im Judentum nicht unbekannt. Deshalb konnte der Text als weiterer „Beweis" für Jesu Messianität gewertet werden. Selbstverständlich genügte nicht einfach das Leiden an sich, aber eine Kompilation von Spezifika dieses Leidens ließ doch ein plausibles Bild entstehen. Christi Kreuzigung als stellvertretendes Leiden, als Hingabe um der Menschen und ihrer Erlösung willen, war von Beginn der Kirche an ein zentraler christologischer Gedanke. Und immer schon musste er verteidigt werden. Schon Paulus sagt:

> 23 [Wir predigen] Christus als gekreuzigt, den Juden ein Ärgernis und den Nationen eine Torheit;
> 24 den Berufenen selbst aber, Juden wie Griechen, Christus, Gottes Kraft und Gottes Weisheit (1 Kor 1,23–24).

Sehr viele frühchristliche Autoren zitieren nun Jesaja 53, um zu rechtfertigen, dass Christen auf einen, der so schmählich zu Tode gekommen war, ihre Hoffnung stützten. Und Jesaja 53 wurde auch der zentrale Text zur Karfreitagsliturgie, sei es im anglikanischen, lutherischen oder auch katholischen Ritus. So verwundert es nicht, dass der Text im Libretto breit entfaltet wird. Textlich besteht die Arie nicht nur aus Jes 53. Eine zweite Stelle wird hinzugenommen: Jesaja 50,6: „Er gab seinen Rücken seinen Peinigern …" Dieser Vers wurde bereits in der frühen Kirche als Paradeaussage für das wahre Leiden Christi verwendet. Wann immer die Frage aufkam, ob Jesus gelitten hatte, wurde er zitiert.[24] Gleichzeitig gelingt es Jennens dadurch, die Geißelung Christi einzuspielen, ohne dies direkt beim Namen nennen zu müssen.

Nr. 21–23 Chor: Surely He hath borne our griefs / And with His stripes we are healed / All we like sheep

Musik
Nun folgen drei Chöre, die den Texten den Charakter eines Schuldbekenntnisses verleihen und zugleich die Universalität des Heilshandelns andeuten. Nicht für einen Einzelnen, sondern für viele ist all das geschehen. In einem Largo e staccato-Chor („Surely", Nr. 21) wird das „für uns" des Leidens Jesu vom Chor erschüttert bekannt. Der zweite Chor ist als Fuge gestaltet. Der Themenkopf c-as-des-e (and with his stripes) ergibt optisch ein Kreuz, bevor das dadurch erwirkte Heil in aufsteigenden Tonschritten komponiert ist.

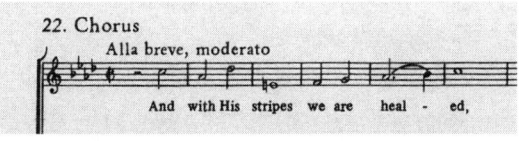

Notenbeispiel 5: Nr. 22, Sopranstimme, Takt 1–6

Das Motiv gefiel Mozart so gut, dass er es in sein Requiem übernahm:

Notenbeispiel 6: Mozartrequiem: Kyrie-Fuge, Bassstimme, Takt 1–4

Fast anstößig heiter und unvermittelt wirkt der dritte Chor, der in simplem F-Dur die Stimmen gegenläufig weit möglich auseinanderführt. Sehr plastisch untermalt damit die Musik, wie die Schafe („wir") das Heilsgeschehen in keiner Weise wahrnehmen, das Leid des Retters zwar verschulden, aber nicht beachten und stattdessen ohne Verstand in alle Richtungen und so weit als nur irgend möglich auseinanderstieben.

Notenbeispiel 7: Nr. 23, Sopran- und Tenorstimme, Takt 4–6

Zu diesen nur scheinbar heiter-unbeschwerten Tönen steht das Ende des Chores in scharfem Kontrast, wo choralartig und in passionsgemäßem f-Moll betont wird, dass Gott auf „ihn" die Vergehen „von uns allen" geworfen hat.

Text
Hier ist der Stellvertretungsgedanke angesprochen. Jesus erleidet die Strafe für unsere Sünden, er leidet also an unsrer Stelle. Auffälligerweise wird einer der wichtigsten Stellen des 4. Gottesknechtsliedes, „er wurde durchbohrt um unserer Vergehen willen" (Jes 53,5), nach der (anglikanischen) King-James-Bibelübersetzung (KJV) nur mit „wounded" statt mit „durchbohrt" übersetzt – das, obwohl Exegeten wie Kidder genau auf diesen Punkt breit eingehen (S. 68ff.), und obwohl der Vers so gut wie immer auf das Kreuzesopfer hingedeutet wurde, das auch in der anglikanischen Kirche einen großen Stellenwert besaß. Jennens jedoch setzt den Vers offenkundig nicht mit dem Kreuzestod selbst in Verbindung, sondern zielt mehr auf das seelische Leid, das Jesus aus dem Unglauben und der Verachtung seines Volkes zuteilwird.

𝄞: Auch das nächste Musikstück ist ein Chor. Dieser Vers stellt nun das Erlösungsgeschehen in den Vordergrund: Wir sind durch seine Wunden/Striemen *geheilt*.

𝄞: Der dritte Chor wiederum bekennt noch einmal verstärkt das eigene Vergehen in all seiner bedenkenlosen Unachtsamkeit, quasi als Schuldbekenntnis. Auch in der Karfreitagsliturgie des BCP nimmt das Sündenbekenntnis einen wichtigen Ort ein. Das Werk zeigt hier wieder eindrucksvoll seinen quasi-liturgischen Charakter. Die „iniquities" von Nr. 21 werden erneut aufgegriffen, dazu das Motiv der „irregehenden Herde".

... hat gelitten ...
Fortsetzung 1. Szene:
Nr. 24–27 Accompagnato: *All they that see Him laugh Him to scorn* / Chor: *He trusted in God* / Accompagnato: *Thy rebuke hath broken His heart* / Arioso: *Behold and see*

Musik
Die folgenden Musiknummern sind wie eine Passion von J. S. Bach gestaltet: Der Tenor erzählt das Geschehen in (Accompagnato-)Rezitativen und wird von einem Chor unterbrochen, der die Worte des Volkes wiedergibt. Anders als dort ist der Erzähler jedoch nicht der Evangelist. Der Text stammt nicht aus einem der Evangelien, sondern weiterhin aus dem Alten Testament. Händel untermalt das Geschehen lautmalerisch: In Nr. 24 wird das kichernde Hohnlachen durch schnelle 32-tel-Figuren der Streicher und das Kopfschütteln durch wiederholte Sekundschritte dargestellt. Der Spott des Chores äußert sich in einer Fuge (Nr. 25). Durch den versetzten Einsatz der Stimmen wirkt die Nummer wie das Tuscheln einer belustigten Volksmenge. Die strenge Stimmführung unterstreicht zusätzlich die „Verbohrtheit" der Spötter. Das folgende Accompagnato-Rezitativ (*Thy rebuke*) wiederholt mehrere Textzeilen – ein sehr ungewöhnliches Vorgehen in einem Rezitativ – und steigert dadurch den emotionalen Ausdruck. Die Modulationen werden nicht vollständig durchgeführt und durchschreiten den weiten Weg von As-Dur (4 b) zu H-Dur (5 #) – also nicht weniger als neun Stufen auf dem Quintenzirkel. Das anschließende Arioso in Largo e piano besingt kurz und eindringlich mit stockender Begleitung den un-

vergleichlichen Schmerz des Gottesknechtes. Es schließt mit einem vielsagenden Halbschluss und verrät dadurch bereits, dass eine Wende bevorsteht.

Text
Das Libretto wechselt unvermittelt zu Psalm 22, also zu jenem Psalm, dessen Anfangsverse Jesus im Markus- und Matthäusevangelium am Kreuz zitiert. Doch genau diese Verse und damit auch die Anspielung ans Kreuz selbst fehlen. Stattdessen wird mit den Versen 7 und 8 des Psalms die Verspottung Jesu veranschaulicht. Sehr geschickt versteht es das Libretto, die wichtigen Elemente des Todes Jesu (Geißelung, Verspottung, Leiden und Tod nach der Version des Matthäus) mit alttestamentlichen Texten zu unterlegen und sie so als vorausverkündigt und eingehalten darzustellen. Statt der Verhöhnung von Mt 27,49 (Lass uns sehen, ob Elija kommt, ihn zu retten) bzw. Lk 23,35.37 (Rette dich selbst) zitiert Jennens Ps 22,7–8, allerdings nicht in der „Ich-Form". Streng nach der Maxime, Jesus selbst nicht als Sprechenden einzuführen, werden ihm zwar einerseits Texte in den Mund gelegt, aber andererseits davon in der dritten Person berichtet. Daher werden auch später Psalm 69,20 [21] und Klgl 1,12 in die dritte Person gesetzt.

𝄢: Die Leitworte des Textes sind „laugh to scorn", verspotten, verächtlich verlachen. Hier sind es die Menschen, die das tun. Wenig später wird Gott es sein, der seinerseits seine Feinde verächtlich verlacht.

𝄢: Mit Psalm 69,20 KJV (= 69,21 EÜ) und seiner musikalischen Ausgestaltung als Accompagnato-Rezitativ für Tenor (Nr. 26) kommt wieder ein sehr persönliches Moment in die

Handlung. Die Einsamkeit Jesu in seinem Leiden wird thematisiert. Der Text lässt Bilder aus der Passionsgeschichte erstehen: Jesus, der alleine betet, während all seine Jünger schlafen. Jesus, der gefoltert wird, während alle ihn verlassen oder sogar verleugnen. Doch Jesus leidet nicht nur unter den Geißelhieben seiner Peiniger, er erleidet nicht nur das Leid, das wir selbst ertragen hätten müssen, er leidet auch unter „Thy rebuke" – unter „deiner Zurückweisung" – mit „thy" ist wohl nicht die Zurückweisung der Menschen gemeint, sondern die scheinbare Zurückweisung durch Gott, der ihn eben nicht „delivered" und ihn damit dem Spott der Menschen ausgeliefert hat. Er, dessen Botschaft die Menschen tröstet und heilt, er selbst erfährt keinen Trost in seinem Leid, nicht einmal von Gott selbst. Mit „comfort" spannt das Libretto den Bogen zurück zum Beginn, wo den Menschen dieses „Comfort ye" zugesprochen wurde.

𝄢: Der Vers aus dem ersten Klagelied der daran anschließenden Arie (Nr. 27) unterstreicht noch einmal mit größter Deutlichkeit, dass Jesus auch in seinem Leiden herausgehoben war vor allen anderen Menschen. Kein Leid ist so groß, wie seines war.

𝄢: Biblisch gesehen besingt im Buch der Klagelieder die „Witwe" Jerusalem ihr Leid über die Zerstörung des Tempels durch Nebukadnezzar II. im Jahre 587 v. Chr. In ähnlichen Worten wie der „Gottesknecht" in Jes 53 schildert sie, wie sie verachtet wird, wie sie leidet und seufzt. Anders als bei Jesaja versteht sie ihr Leid als selbst verschuldetes: Sie hat durch ihre Vergehen den Zorn Gottes auf sich gerufen. Insofern passt der Vers eigentlich nur bedingt zur Passion

Jesu. Er findet sich auch weder bei frühchristlichen Apologien noch bei Jennens' Zeitgenossen, dafür jedoch in der Liturgie. Der Grund für die Einflechtung an diesem Ort scheinen die zahlreichen Stichwortverbindungen und die ähnliche Stimmung der beiden Texte zu sein. Beide haben „niemand, der sie tröstet". (Der Satz: „Zion streckt seine Hände aus und da ist niemand, der sie tröstet" wird übrigens später von Mendelssohn in seinem Elias als berührendes Duett zu Beginn des Oratoriums vertont.) Beide werden „verlacht", beiden ist „großer Schmerz" zu eigen. Seine Funktion im Libretto ist es, das Sterben Jesu noch einmal eindrucksvoll und zu Herzen gehend zu beschreiben, ohne auf Ps 22,1 (Mein Gott, warum hast du mich verlassen?) direkt zurückgreifen zu müssen. Hier gibt es keine machtvollen Zeichen, das Zerreißen des Vorhangs und andere gewaltige Ereignisse beim Tod Christi werden nicht thematisiert. Hier stirbt ein „wahrer Mensch" in tiefstem Leid und von allen verlassen.

𝄢 Auch die Psalmen 22 und 69 sind liturgisch mit dem Karfreitag verbunden. Im BCP von 1662 werden beide Psalmen zum Abendgebet des Karfreitags gesungen, in der älteren Version von 1549 ist Ps 22,1–24 zur Kommunion der Karfreitagsliturgie vorgesehen. Der liturgische Ort des Klageliedes ist ein Morgengebet in der Passionswoche, entweder am Montag oder am Mittwoch, je nach BCP-Version.

Jennens gelingt es wieder einmal sehr geschickt, das Glaubensbekenntnis entlangzugehen, dabei die Heilsgeschichte chronologisch zu erzählen und gleichzeitig die dazugehörige Liturgie bewusst zu machen.

... und ist begraben worden, ist am dritten Tage auferstanden nach der Schrift ...
2. Szene: Nr. 28–29
Nr. 28 Accompagnato: *He was cut off out of the land of living*

Musik
Musikalisch wird der Vers lediglich durch ein Rezitativ bedacht. In knappen Modulationen springt die Tonart zuletzt auf E-Dur und damit zur Dominante zum folgenden A-Dur der Arie.

Text
Der Tod bildet nur ein kurzes Intermezzo der Heilsgeschichte. Nicht Betroffenheit und Trauer angesichts des Todes Jesu wie in den Passionen von Bach sollen vermittelt werden, sondern Einsicht in die Notwendigkeit von Jesu Leiden für unser Heil und Reue über unsere Sünden, die dieses Leiden verursacht haben. Hier zeigt sich subtil, aber deutlich die liturgische Ausrichtung des Werkes.

Kein Kreuz!
Eine theologisch überaus bemerkenswerte Auslassung folgt nun: Der Tod Jesu kommt ohne Erwähnung des Kreuzes aus. Das Geschehen wird kurz und auffällig nüchtern mit Jes 53,8b umschrieben:

✝: „Er wurde vom Land der Lebenden abgeschnitten und wegen der Verbrechen seines Volkes (zu Tode) getroffen." Im Englischen fehlt das Wort „Tod": „for the transgression of His people was He stricken." Er wurde also für die Verbrechen des Volkes geschlagen, vom Land der Lebenden abgeschnitten, aber nicht für das Volk gekreuzigt! Das ist ein äußerst bedeutsamer Gedanke. Die Kürze hier ist besonders bezeichnend für Jennens' Glauben: Das Kreuz steht sowohl im Glaubensbekenntnis als auch in vielen christlichen Theologien als wichtigstes Symbol für Christi Heilstat. Jennens jedoch scheint sich der Sichtweise von Thomas Deacon, einem prominenten Nonjuror und Bischof, angeschlossen zu haben, der vehement betonte: „[Christus] did not offer the Sacrifice upon the Cross: it was slain there, but was offered at the institution of the Eucharist." Das Opfer Christi wurde also nicht am Kreuz vollzogen, sondern bei der Einsetzung von Brot und Wein als Leib und Blut Christi. Die Selbsthingabe Jesu für viele steht also im Mittelpunkt; diese geschieht nicht in seinem gewaltsamen Tod. Diese Relativierung der Bedeutung des Kreuzes zugunsten einer „unblutigen" Opfertheologie zeigt sich im Libretto. Das Geschehen auf Golgota und die Grablegung werden durch Jes 53,8 angedeutet, aber sparen die Opferthematik gänzlich aus. Christus stirbt wegen der Verbrechen seines Volkes, aber hingegeben hat er sich weit früher „für viele".

𝄞 Auch dieser Vers wird im Neuen Testament aufgenommen und steht dort gemeinsam mit Jes 53,7 an einer bedeutungsvollen Stelle der Apostelgeschichte: Apg 8,32f. erzählt von einem Kämmerer, der sich diese beiden Jesajaverse vom Apostel Philippus erklären lässt. Philippus legt sie auf Jesus hin aus, verkündet ihm davon ausgehend das Evangelium Jesu Christi und gewinnt auf diese Weise den Kämmerer als Anhänger Jesu.

Nr. 29 Arie: But thou didst not leave His soul in hell

Musik
Statt eines Klagegesanges über den Tod des Retters zeigt schon das erste Intervall – die große Sext aufwärts –, dass etwas Tröstliches, Freudenvolles zu erwarten ist. Zum ersten Mal seit dem zynischen All we like sheep (Nr. 23) ist wieder eine Dur-Tonart zu hören und das erste Mal seit dem Gloria (Nr. 15) wieder eine Kreuztonart in Dur (dort D-Dur). Nur eine einzige Nummer steht neben der hier besprochenen noch in A-Dur: der Chor in Nr. 4 (And the glory, the glory of the Lord). Dort war die Rede davon, dass Gott seine Herrlichkeit allen offenbaren werde. Die Wiederaufnahme der Tonart an dieser zentralen Stelle soll wohl deutlich machen, dass nun, mit der Auferstehung, diese Prophezeiung erfüllt wurde.

𝄢: Die ruhige Arie (Andante larghetto) stellt zudem das Gegenstück zum kurzen Arioso Nr. 27 dar. Die musikalischen Motive sind sehr ähnlich, doch vom schmerzlichem e-Moll in positives A-Dur gewendet. Die Qualen der Gottverlassenheit wenden sich in die liebevolle Zuwendung Gottes zu „seinem Heiligen".

Text
Auch hier fehlt jedes Zitat aus den Evangelien, wieder handelt es sich um einen „Schriftbeweis". Psalm 16,10, ein Vers, der sehr häufig auf die Auferstehung nach dem Tod interpretiert wurde, wird zitiert und auf Jesus bezogen, wie es schon in der Pfingstpredigt des Petrus geschieht:

24 [Diesen Jesus] hat Gott auferweckt, nachdem er die
Wehen des Todes aufgelöst hatte, wie es denn nicht
möglich war, dass er von ihm behalten würde. 25 Denn
David sagt über ihn: „Ich sah den Herrn allezeit vor mir;
denn er ist zu meiner Rechten, damit ich nicht wanke.
26 Darum freute sich mein Herz und meine Zunge jubelte; ja, auch mein Fleisch wird in Hoffnung ruhen;
27 denn du wirst meine Seele nicht im Hades zurücklassen noch zugeben, dass dein Frommer Verwesung
sehe. 28 Du hast mir kundgetan Wege des Lebens; du
wirst mich mit Freude erfüllen vor deinem Angesicht"
(Ps 16,8–10). 29 Ihr Brüder, es sei erlaubt, mit Freimütigkeit zu euch zu reden über den Patriarchen David, dass
er gestorben und begraben und sein Grab bis auf diesen
Tag unter uns ist. 30 Da er nun ein Prophet war und
wusste, dass Gott ihm mit einem Eid geschworen hatte,
einen seiner Nachkommen auf seinen Thron zu setzen,
31 hat er voraussehend von der Auferstehung des Christus geredet, dass er weder im Hades zurückgelassen
worden ist noch sein Fleisch die Verwesung gesehen
hat. 32 Diesen Jesus hat Gott auferweckt, wovon wir alle
Zeugen sind (Apg 2,24–32).

Die Begründung, warum dieser Psalm nur auf Jesus gedeutet werden könne, lautet also, dass David die Textstelle unmöglich von sich selbst gesagt haben kann, da er ja gestorben und (auch nach jüdischer Vorstellung) tot geblieben
sei. Da er aber auch ein Prophet war, habe er damit nicht
von sich, sondern von seinem Nachkommen, dem Sohn
Davids, gesprochen und damit (nach christlicher Über-

zeugung) von Jesus. In der frühen Kirche wurde diese Argumentation übernommen; vgl. Lactantius, Göttliche Unterweisungen:

> 42. Die Auferstehung und Himmelfahrt.
> Seine Auferstehung am dritten Tage hatten die Propheten schon längst vorausverkündigt. So spricht David im 15. Psalm: „Du wirst meine Seele nicht im Totenreiche lassen und deinen Heiligen nicht die Verwesung schauen lassen."

Auch in die Liturgie fand der Psalm daher Einlass. Er wird im BCP von 1549 am Ostertag zur 1. Kommunion gesungen oder gesprochen. In der Version von 1662 fiel die erste Kommunion weg und damit auch der Psalm. In der Kirche galt er jedoch weiterhin als wichtiger Schriftbeweis für einen Auferstehungsglauben im Alten Testament. In heutigen Ausgaben des BCP findet sich der Psalm wieder am Ostertag. Das Stichwort „corruption" (Verwesung) verbindet den Text mit dem dritten Teil des Oratoriums, wo es mit 1 Kor 15 heißt: „and the dead shall be raised incorruptible ... For this corruptible must put on incorruption". Dort wird das Thema (Nicht-)Verwesung der Toten breit entfaltet. Christi Auferstehung zu Ostern ist somit auf das Engste mit der Auferstehung aller Menschen am Jüngsten Tag verknüpft. Die, die an ihn glauben, werden genau wie er nicht in der Unterwelt belassen, sondern auferstehen – verwandelt und unverweslich.

... und aufgefahren in den Himmel. Er sitzt zur Rechten des Vaters ... – Christi Himmelfahrt
3. Szene: Nr. 30
Nr. 30 Chor: *Lift up your heads, O ye gates*

Musik
Der Chor ist kunstvoll als Doppelchor gestaltet, der Frage- und Antwortverse des Psalms musikalisch trennt. Interessant ist das Thema, das identisch mit einem populären Weihnachtslied ist: „Joy to the world". Die Worte des Liedes, von Isaac Watts nach Ps 98 zusammengestellt, erschienen 1719 in der Sammlung „*The Psalms of David: Imitated in the language of the New Testament, and applied to the Christian state and worship.*" Der Komponist ist nicht bekannt. Ob Händel sich von dem Lied inspirieren ließ oder vielmehr umgekehrt der Komponist von Händel, ist ungewiss. Wahrscheinlicher dürfte Letzteres sein.

Notenbeispiel 8: Nr. 30, Takt 1–4

Nur in diesem Chor ist der Sopran anfangs zweigeteilt, um einen dreistimmigen Frauenchor zu ermöglichen. Zunächst fällt den tiefen Stimmen die Frage zu, die von den hohen Stimmen beantwortet wird, danach umgekehrt.

Alle zusammen wiederholen die Antwort und dehnen sie in Kantilenen und Akklamationen aus.

Text
Das Libretto hält sich nur sehr kurz bei der Auferstehung selbst auf. Gar nicht eingegangen wird auf das wiederholte Erscheinen des auferstandenen Jesus vor seinen Jüngern. Auch das zeigt wieder die Nähe zum Glaubensbekenntnis. An die Auferstehung in Form von Psalm 16 schließt unmittelbar ein Psalm an, der im BCP zu Christi Himmelfahrt am Morgen gesungen wird. Der Einzug Christi in den Himmel wird damit als triumphales Geschehen gedeutet: Der König wird kommen, der König der Ehren. Auch ein kämpferisches Moment fehlt nicht: Der König ist stark und mächtig im Kampf.

℣: Gott (Christus?) zieht als König in den Himmel ein. Christus ist Sohn Gottes (Nr. 33–35). Die Tore werden aufgetan. Schon bei Tertullian sind mit Ps 24,7–10 eindeutig die Tore zum Himmel gemeint, die hier bei der Himmelfahrt Christi aufgeschlossen werden.[25]

> Vernehmet nun auch, wie vorausgesagt war, dass er in den Himmel auffahren werde. Es heißt so: „Tuet die Himmelstore auf, öffnet euch, dass einziehe der König der Herrlichkeit. Wer ist dieser König der Herrlichkeit? Er ist der Herr, der Starke, der Herr, der Mächtige."

Der Psalm wurde also sehr früh schon als „Beweis" für Christi Einzug in den Himmel verstanden.

4. Szene: Rez. und Nr. 31
Rezitativ: Unto which of the angels / Nr. 31 Chor: Let all the angels of God worship Him

Musik
Das knappe Rezitativ des Tenors ist offenbar bewusst schlicht gehalten. Händel scheint gerade textlich wichtige Passagen möglichst unbegleitet zu lassen, wohl damit der Text problemlos verstanden werden kann.

𝄢 Umso wirkungsvoller kommt der nachfolgende Chor zur Geltung: An einen einleitenden gemeinsamen Einsatz aller Stimmen in strahlendem D-Dur schließt sich eine äußerst kunstvolle Doppelfuge an. Die Besonderheit besteht darin, dass Stimme 2 das Fugenthema von Stimme 1 in doppeltem Tempo (bzw. halben Notenwerten) singt. Das Stück erreicht dadurch eine größere Dynamik und illustriert den Jubel der Engelschar umso mehr.

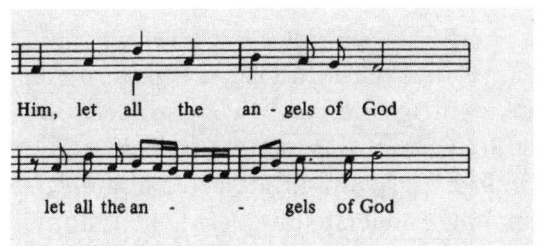

Notenbeispiel 9: Nr. 31, Alt- und Tenorstimme, Takt 10–11

Das Thema und die Art der Verarbeitung selbst sind einer „Clavierfuge" von Johann Kaspar Kerll entnommen.[26] Doch Händel veränderte ein Intervall nach oben statt nach unten und erreichte so auch eine musikalische Anspielung an den bekannten Choral: „Wachet auf, ruft uns die Stimme"[27], der in seiner dritten Strophe von Engeln rund um Gottes Thron spricht:

> „Gloria sei dir gesungen
> mit Menschen- und mit Engelzungen,
> mit Harfen und mit Zimbeln schön.
> Von zwölf Perlen sind die Tore
> an deiner Stadt; wir stehn im Chore
> der Engel hoch um deinen Thron."

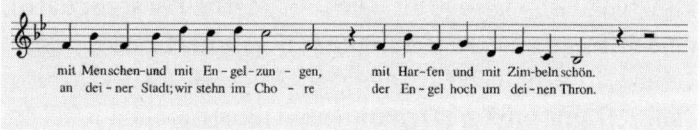

Notenbeispiel 10: Wachet auf, ruft uns die Stimme, 3. Strophe

Text

Die Verse sind dem Paulus zugeschriebenen Brief an die Hebräer entnommen, einem Brief, der wie kein anderer neutestamentlicher Brief das Alte Testament bedenkt und im Lichte Christi interpretiert. Inhaltlich betonen die Verse 1,5–6 noch einmal die Sonderstellung Jesu: Nicht nur als König zieht Christus in den Himmel ein, sondern auch als Sohn. Zu keinem anderen hat er gesagt: „Mein Sohn bist du, heute habe ich dich gezeugt." Die Betonung der Sohnschaft an dieser Stelle ist wohl der Grund, warum Jennens den Text hier eingespielt hat. Der Hebräerbrief als Ganzes hat eigentlich zu Weihnachten seinen liturgischen Platz.

Der Vers selbst jedoch hat inhaltlich gleich zwei Bezüge zum Osterfest:
1) Das BCP (von 1549), das zu Beginn der Osterliturgie Psalm 16 vorschreibt, fährt fort mit einem Tagesgebet (Collect):

> „Almighty God, which through thy only begotten son (vgl. Hebr 1,5–6) hast overcome death and opened unto us the gate of everlasting life (vgl. Ps 24,7.9) ..."

Die Collect selbst ist auch im BCP von 1662 zu finden. Damit ist die Verbindung zwischen Psalm 16, Hebräer 1,5–6 und Psalm 24,7 liturgisch vorgezeichnet.
2) Liturgisch gesehen könnte Hebr 1,5–6 an das Sanctus des Messordinariums anspielen: Die Engel, die um den Thron stehen und Gott preisen, werden auch zu Beginn des Hochgebets erwähnt:

> Therefore with Angels and Archangels, and with all the holy companye of heaven, we laude and magnify thy glorious name, evermore praisyng thee, and saying, Holy, Holy, Holy, Lord God of hofts, heaven and earth are full of thy glory; Glory be to thee, O Lord Most High.

3) Ein anderer Grund ist jedoch, dass damit der Satz des Glaubensbekenntnisses unterstrichen wird: „Er sitzt zur Rechten des Vaters." Die Sohnschaft Christi ist an dieser Stelle wichtig, um seinen Platz an der Seite des Vaters im Himmel zu „belegen".
4) Des Weiteren wird hier bereits eine Verbindung mit Psalm 2 hergestellt (ab Nr. 36), denn Hebr 1,5–6 zitiert Ps

2,7: „Mein Sohn bist du, heute habe ich dich gezeugt." Und Psalm 2 wiederum ist der Morgenpsalm am Ostertag. Die Auferstehung wird mit einem Sieg über alle Feinde verbunden, mit einem Sieg gegen den Feind schlechthin: den Tod. Jennens hingegen „verschiebt" diesen Sieg hin zu einem endzeitlichen Sieg nach der Himmelfahrt Christi. Die Feinde, die hier „zerbrochen" werden, werden mit den Feinden des Evangeliums gleichgesetzt. Das hat durchaus heilsrelevante Bedeutung, wie sich noch zeigen wird.

... und wird wiederkommen in Herrlichkeit ... (und die eine, heilige, katholische und apostolische Kirche)
5. Szene: Nr. 32–35
Nr. 32 + 33 Arie: Thou art gone up high /
Chor: The Lord gave the word

Musik
Die Arie „Thou art gone up high" ist in mehreren Versionen erhalten: für Alt-, Bass- oder Sopranstimme. Ursprünglich war sie für Bass komponiert, später setzte sich die virtuosere Alt-Fassung durch. Auf- und Abwärtsbewegungen der Stimme illustrieren das Auffahren Christi in den Himmel und das Herabsenden der „Gaben". Erwähnenswert ist der friedfertige Charakter des Werkes und insbesondere die Modulation nach pastoralem F-Dur bei den Worten „even for Thine enemies". Auch hier zeigt sich der positive Grundcharakter des Werkes, das vor allem Versöhnung mit den Feinden anzielt und nichts von Zwangsmissionsgedanken weiß, wie ihm gelegentlich unterstellt wird.

Äußerst wirkungsvoll erfolgt dann der unisono-a-capella-Einsatz der Herren zu Beginn des anschließenden Chores. Das eine Wort des Herrn wird der großen Zahl der „preachers" gegenübergestellt, die mit der nun einsetzenden Orchesterbegleitung vielstimmig und doch überaus harmonisch dieses Wort in schnellen Läufen verbreiten.

Text
Die überraschend schnelle weltweite Ausbreitung des Christentums galt als eines der zentralen Argumente für dessen Besonderheit, ja als „Beweis", dass dieser Jesus der Messias war. Der Missionseifer der frühen Christen begann unmittelbar nach dem Pfingstereignis, als die Apostel, die sich nach dem Tod Jesu verängstigt zurückgezogen hatten, durch den Heiligen Geist ermutigt und befähigt fühlten, die Botschaft vom Auferstandenen in alle Welt zu tragen. Mit der Zeit entwickelte sich noch ein zweiter wichtiger Grund für weitere Missionstätigkeiten der Kirche:

☙ Das Christentum erwartet die Wiederkunft Christi am Ende der Tage, die sogenannte „Parusie". Zu Beginn des Christentums erwartete man diese Endzeit in naher Zukunft, noch „in dieser Generation". Als das ausblieb, versuchte man Hinweise für eine zeitliche Bestimmung der Wiederkehr zu finden. Man fand sie etwa in Mk 13,10: „und allen Nationen muss vorher das Evangelium gepredigt werden" bzw. Mt 24,14: „Und es wird gepredigt werden dies Evangelium vom Reich in der ganzen Welt zum Zeugnis für alle Völker und dann wird das Ende kommen."

☙ Die „Predigt des Evangeliums" verstand man nicht einfach als Informationsgeschehen (wenn alle vom Evangelium informiert wurden), sondern als geglückte Missionierung (wenn alle Völker die Frohbotschaft aufgenommen haben werden). Die Wiederkehr Christi, so schloss man daraus, werde erst dann geschehen, wenn alle Völker zu Christus bekehrt wurden. Diese Vorstellung war nicht unerheblich für den Missionseifer der Kirche. Durch ihr Tun hoffte sie den Tag der Wiederkehr beschleunigen zu können.

𝄢 Auch Jennens folgt dieser Logik, wenn er vor dem Gericht über Lebende und Tote zunächst die Geistgabe und danach die Ausbreitung des Glaubens und die Missionierung thematisiert. Nicht nur geschichtlich erfolgt zunächst Pfingsten, dann die Missionierung aller Völker und irgendwann die Parusie, auch „dogmatisch" muss zuerst der Glaube kommen und dann die Wiederkehr Christi.

𝄢 Psalm 68 wird im BCP von 1549 am Himmelfahrtstag zum Abendgebet gesungen, in der Version von 1662 hingegen im Morgengebet zu Pfingsten. Der Hinweis auf Himmelfahrt einerseits und auf Geistaussendung andererseits fallen dadurch in diesem Psalm zusammen. Im Neuen Testament wird der Psalm im Brief an die Epheser 4,8ff. von Paulus zitiert und ausführlich entfaltet. Wieder geht es um die Feinde, die aber in der englischen Übersetzung wie alle anderen mit Gaben beschenkt werden. Die Gefangenschaft selbst wird gefangen gesetzt. Die Gaben für die Menschen werden im Kontext des Librettos wohl als Gabe des Heiligen Geistes verstanden. Alle empfangen diese Gabe des Heiligen Geistes. Und sehr viele machen sich daraufhin auf, um die Frohe Botschaft weiterzutragen. Das Pfingstgeschehen ist hier in wenigen Worten und bekenntnishaft zusammengefasst.

Abweichend von der KJV heißt es im Psalm 68,11 „company of the preachers" statt „company of those who published it". Das ist weiter nicht verwunderlich, sind doch die Psalmen des BCP allesamt nicht aus der KJV, sondern aus der alten Great Bible in der Übersetzung von Cavendale angegeben und bis ins späte 20. Jahrhundert so verwendet worden.

☙ Durch die Formulierung „company of the preachers" ergibt sich auch besser die Verknüpfung zu Röm 10,15. Immerhin heißt es in Röm 10,14: „Wie aber werden sie hören ohne einen Prediger?" Es macht den Vers zudem auch anschlussfähiger an die Apostelgeschichte, wo von einer großen (Priester-)Schar die Rede ist, die das Evangelium verkündet (Apg 2–4).

☙ Die Verbreitung der Frohbotschaft geschieht dabei nicht durch die katholische, evangelische oder anglikanische Kirche, sondern durch die „apostolische". Die Kirche verstand sich seit jeher als von Christus beauftragt, allen die Frohe Botschaft zu überbringen. Das ergibt sich aus zentralen Stellen der Evangelien (Mt 28; Lk 9–10 u. ö.). Schon früh wurden dabei die Anfeindungen, denen die ersten christlichen Missionare, die Apostel, ausgeliefert waren, als besondere Auszeichnung gesehen, geradezu als Beweis für die Rechtmäßigkeit ihrer Botschaft. Die Verkündigung wird zur zentralen Aufgabe der Kirche, um gegen alle Widerstände den Menschen den Weg zum Heil zu ermöglichen, ja, mehr noch, um die Wiederkehr des Herrn vorzubereiten.

Nr. 34 + 35 Duett und Chor: How beautiful are the feet of Him / Arioso: Their sound is gone out

Musik

Diese beiden Nummern des Librettos haben zahlreiche Umarbeitungen erfahren, sowohl in musikalischer als auch in textlicher Hinsicht. Nr. 34 war einmal als Sopranarie komponiert, wurde dann noch vor der Uraufführung jedoch in ein Duett mit Chor umgeschrieben, für die Londoner Aufführung wiederum in eine – diesmal verkürzte – Sopranarie und 1750 in eine Alt-Arie transformiert. Nr. 35, ursprünglich ein Arioso für Tenor, wurde später als Chorstück komponiert. Die Komposition dieser beiden Nummern waren Anlass für Jennens' Unzufriedenheit (dazu später bei: Text). Die heute häufig gespielte Fassung von Nr. 34 für Duett und Chor steht zunächst Nr. 32 nahe und besingt in wiegendem 3/4-Takt in d-Moll den lieblichen Schritt der Boten, bevor der Chor jubelnd in F-Dur mit Betonung auf „glad tidings" die Frohe Botschaft proklamiert. Beide Motive verbinden sich schließlich und münden in dem fanfarenartigen Bekenntnis: Thy God reigneth in d-Moll.

𝄢 Das Arioso für Tenor in langsamem Andante larghetto und lieblichem F-Dur wurde wohl aus dramatischen Gründen durch den wirkungsvolleren Chor in Es-Dur ersetzt, der lautmalerisch die Verbreitung des Glaubens in alle Welt durch Elemente des Kanons sowie durch auseinandereilende Läufe beschreibt. Durch die veränderte Tonart wird der Kontrast zum anschließenden C-Dur der Bass-Arie („Why do the nations so furiously rage together") und damit der

Unterschied zwischen der friedlichen Botschaft und der aggressiven Reaktion verschärft.

Text
Als Händel die Sopranarie Nr. 34 in ein Duett verwandelte, wich er dabei auch vom vorgesehenen Bibeltext ab: Er ersetzte Röm 10,15 und Ps 19,4 durch Jes 52,7.9. Warum Händel diese Ersetzungen vornahm, ist ungewiss und gibt daher Raum für Spekulationen. Möglicherweise steht der Versuch im Hintergrund, den Text dramatischer und dadurch auch musikalisch attraktiver zu machen. Für die Londoner Aufführung wurde die textliche Änderung jedoch wieder teilweise zurückgenommen: Ps 19,4 kam wieder hinzu. Doch Jes 52 blieb statt Röm 10,15. Erst 1745/49 dient wieder Röm 10,15 als Textgrundlage der Arie.

Ursprünglicher Text	**Dublin/London 1743-Fassung**
Röm 10,15:	Jes 52,7:
How beautiful are the feet of *them* that preach the gospel of peace, and bring glad tidings of *good things*	How beautiful (...) are the feet of *Him* that bringeth glad tidings (...) of *salvation, that saith unto Zion, Thy God reigneth.*
Röm 10,17:	
... their sound went into all the earth, and their words unto the ends of the world. (Fassung BCP)	Jes 52,9: *Break forth into joy* (...)
Ps 19,4: Their sound is gone out into all lands and their words unto (BCP: into) the ends of the world.	(Dublin: ohne Ps 19; London: mit Ps 19)

Dass Röm 10,15.17 besser in den Kontext passt, ist offenkundig: Zunächst schließen die „feet of them" besser an die „company of preachers" an als „the feet of Him". Auch die Wiederaufnahme von „preach" und „peace" fügt sich weit besser als „salvation" und „break forth into joy".

Doch auch liturgisch zeigt sich Jennens' akribisches Arbeiten: Er wählt zur Untermalung der erfolgreichen Ausbreitung des Evangeliums einen Text, der am Festtag des Apostels Andreas gelesen wird. Dieser Apostel galt als äußerst wichtiger Missionar der jungen Kirche und wird von der anglikanischen Kirche, besonders von der Kirche Schottlands, als Schutzpatron verehrt. Die Nonjurors standen der Kirche Schottlands nahe, daher liegt es sowohl aus inhaltlichen wie liturgischen Gründen nahe, diesen Text zu wählen.

♪: Dennoch ist nicht ausgeschlossen, dass die Textänderung zu Jes 52 mit Einwilligung Jennens' zustande gekommen sein könnte. Denn auch für diese Fassung sprechen gute Gründe:

1) Jes 52,7 und Ps 19 sind bereits bei Irenäus und Tertullian als „Beweis" für den Erfolg der christlichen Botschaft verknüpft. Interessanterweise lag beiden offenbar eine Fassung des Jesajabuches vor, wo die „Boten" in der Mehrzahl stehen (ebenso wie im Römerbrief).

In der „demonstratio" des Irenäus ist die Verbindung von Jes 52,7 und Ps 19,5 bereits dokumentiert:

> Wahrhaft ist das Zeugnis der Apostel, welche ausgesandt vom Herrn in der ganzen Welt die Predigt von der Hingabe des Gottessohnes in das Leiden, in seine Ver-

nichtung im Tode und zur Wiederbelebung seines Leibes haben erschallen lassen. (...) Und das wurde durch die Propheten geoffenbart mit den Worten: „Wie schön sind die Füße derer, die den Frieden verkünden und die verkünden das Gute" (Jes 52,7). (...) Und David lehrt die Ausbreitung dieser vorausbestimmten Predigt: „In alle Lande ist ausgegangen ihr Schall und in den Umkreis der ganzen Welt ihre Worte" (Ps 19,4).

Bei Tertullian (+ 220) findet sich unter der Überschrift „Auch das Wirken der Apostel, die Kirche, als die allgemeine Heilsanstalt zur Verehrung Gottes und ihre Sakramente sind durch die Propheten des Schöpfergottes bereits angekündigt worden", diese Argumentation ebenfalls (Adv. Marc. III,22):

> Auch das Wirken der Apostel findet sich prophezeit. „Wie lieblich sind die Füße derer, die den Frieden verkündigen, die Gutes verkündigen", nicht Krieg, nicht Unheil. Dem entspricht auch der Psalm: „Über die ganze Erde ist ausgegangen ihr Schall und bis zu den Grenzen der Erde ihre Stimmen."[28]

2) Ein – zugegeben spekulativer – Grund könnte daneben auch sein, dass die Textaufteilung von Jes 52 Anklänge an das „Benedictus" im Sanctus der Messe begünstigt. Musikalisch werden die Worte „Benedictus qui venit in nomine Domini" (Gesegnet sei, der kommt im Namen des Herrn) meist als Sologesang komponiert, der anschließende Jubelruf „Hosanna in excelsis" meist vom Chor übernommen.

Atmosphärisch stehen die Worte „How beautiful are the feet of *Him* ..." diesem ersten Teil des Benedictus nahe, während der Jubelruf durch das „Break forth into joy" dem Hosanna-Ruf nahekommt. Zumindest könnte die Auslassung von Ps 19,4 in der Dubliner Fassung zu solchen Assoziationen führen. Dass in der ohnehin angespannten Atmosphäre Londons Anklänge an die Messe nicht geeignet schienen, könnte dann die Hinzunahme von Ps 19 wieder begünstigt haben.

𝄢: Wie dem auch sei, die beiden Musikstücke illustrieren die erfolgreiche Missionierung zu Beginn des Christentums. Und eine solche Missionierung lag ja offenkundig auch im Interesse des Librettisten.

... zu richten die Lebenden und die Toten ...
6. Szene: Nr. 36–37

Nr. 36 + 37 Arie: Why do the nations so furiously rage together? / Chor: Let us break their bonds assunder

Musik
In wilden Koloraturen und in C-Dur lässt Händel die Völker gegen den Herrn toben. C-Dur als Tonart ohne Vorzeichen ist einfach zu spielen, aber dadurch auch wenig kunstvoll. Dadurch bietet sich die Tonart zur Untermalung des naiven, ja unsinnigen Aufbegehrens der Feinde an. Der Bass durchläuft gleich in seinem ersten Einsatz eine Akkordzerlegung im Umfang einer Dezime aufwärts, um dann die Tonleiter wieder hinabzueilen. Er tut dies im Stile einer barocken Rachearie, wie sie in den Opern häufig war. Das weltliche Toben wird durch „weltliche" Töne ausgedrückt.

Auch der folgende Chor bleibt in C-Dur und zeigt damit die Naivität der Könige, die meinen, sich gegen Gott gefahrlos auflehnen zu können. Die Stimmen setzen jeweils auf hohen kurzen Tönen ein und springen in Quarten abwärts, die Einsätze folgen in dichtem Tempo aufeinander, die Tempobezeichnung „Allegro e staccato" führt zu einem hektisch und durcheinander wirkenden „Keifen" der Chorstimmen.

Text
Eine oft überinterpretierte Änderung im Vergleich mit der King James Bible und dem Book of Common Prayer ist die Ersetzung des Wortes „heathen" (so KJV und BCP) durch „nations". Das hebräische Wort gojim meint so viel wie „Völker", also Nichtjuden, und ist für beide Übersetzungen offen. Auch die Einheitsübersetzung übersetzt mit „Warum toben die Völker", die Elberfelder Bibel sogar: „Warum toben die Nationen". Dass Jennens hier „nations" bevorzugt, hat wenig Auswirkungen auf die Grundaussage des Verses.

𝄢 Was im Psalm als Angriff von Nichtjuden gegen Juden auftritt, wird nun weitergedacht als Angriff von Ungläubigen gegen das Christentum. Psalm 2 spielt genau diese Rolle in der Apostelgeschichte: Als Petrus und Jakobus vom Hohen Rat verhört, aber dann aus Mangel an Vergehen wieder freigelassen werden, deutet die junge Gemeinde Ps 2 auf ihre bzw. Christi Widersacher:

> 23 Nach ihrer Freilassung gingen sie zu den Ihren und berichteten alles, was die Hohepriester und die Ältesten zu

ihnen gesagt hatten. 24 Als sie das hörten, erhoben sie einmütig ihre Stimme zu Gott und sprachen: Herr, du hast den Himmel, die Erde und das Meer geschaffen und alles, was dazugehört; 25 du hast durch den Mund unseres Vaters David, deines Knechtes, durch den Heiligen Geist gesagt: *Warum toben die Völker, warum machen die Nationen vergebliche Pläne? 26 Die Könige der Erde stehen auf und die Herrscher haben sich verbündet gegen den Herrn und seinen Gesalbten* (Ps 2,1f.). 27 Wahrhaftig, verbündet haben sich in dieser Stadt gegen deinen heiligen Knecht Jesus, den du gesalbt hast, Herodes und Pontius Pilatus mit den Heiden und den Stämmen Israels, 28 um alles auszuführen, was deine Hand und dein Wille im Voraus bestimmt haben (Apg 4,23–28).

Das „Toben der Völker" erweist sich somit als von Gott vorbestimmtes Geschehen, das jedoch letztlich erfolglos bleiben wird. Ebenso wie in der Deutung des Neuen Testaments sind unter den „Völkern" auch im Libretto alle, die Christus und seine Anhänger verachten oder verfolgen, gemeint. Sie werden an Gott scheitern.

7. Szene: Rezitativ und Nr. 38
Rezitativ + Nr. 38 Arie: He that dwelleth in heaven / Thou shall break them

Musik
Das kurze Tenor-Rezitativ fasst lakonisch die spöttische Reaktion Gottes auf all die Angriffe zusammen: Er verlacht sie. 𝄢 Erhardt (S. 268f.) zeigt wunderbar auf, wie die reichlich karg anmutende Arie „Thou shall break them" in ihren

zwei Motiven einerseits Gottes Verlachen der Feinde, andererseits sein Zerbrechen ihrer Macht (in zwei kurzen Achteln, also mehr als lakonisch) zeigt. Hier wurde oft die fehlende Dramatik moniert. Es fügt sich jedoch gut, um die im Vergleich mit Gott so geringe Macht der Feinde darzustellen: Sie müssen nicht in einem gewaltigen Erdbeben zermalmt werden, sondern es bedarf nur einer winzigen Kraftanstrengung Gottes, sie wie Zündhölzer zu knicken. Gleichzeitig spricht gerade diese musikalische Ausgestaltung vehement gegen die im Folgenden kurz vorgestellte These, das nun folgende Halleluja sei ein Jubelruf über die Zerstörung des jüdischen Tempels. Diese Zerstörung konnte zwar christlicherseits als letztlich von Gott gewollt und durch die Römer ausgeführt verstanden werden, doch würde dieses Ereignis weder für die Römer noch für Gott selbst ein derart unspektakuläres „Abknicken" gewesen sein können.

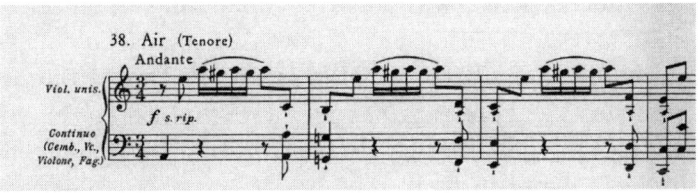

Notenbeispiel 11: Nr. 38, Takt 1–4

Exkurs:
Das Halleluja als Siegesruf über die Zerstörung des Tempels?

Dass bei der Zerschlagung der Feinde die Zerstörung des zweiten Tempels in den Blick kommt, wie Erhardt jedenfalls nicht ausschließen will (S. 261f.), erscheint mir trotz der gängigen Auslegung in manchen Kommentaren fraglich. Einerseits lässt sich bei Jennens nicht ansatzweise die heftige antijüdische Polemik erkennen, die bei Kidder der Fall ist, ansonsten hätte er zahlreiche weitaus judenfeindlichere „Schriftbeweise" aus Kidders Werk entnommen. Auch steht bei Jennens die affirmative Seite des Bekenntnisses im Vordergrund und nicht so sehr die kämpferische. Dazu kommt die im Libretto überall spürbare Tendenz der „Verallgemeinerung": Alle „historischen" Details des Christusereignisses, die bei Kidders etwa breit ausgeführt werden, fehlen im Libretto. Die genauen Umstände des Todes Jesu ebenso wie jede konkrete Anbindung an Einzelereignisse (Ostern, Pfingsten etc.) werden bewusst nicht erwähnt. Es wäre daher sehr merkwürdig, wenn ausgerechnet ein historisches Ereignis, das noch dazu für Deisten keinerlei Relevanz hat, hier beschrieben würde. Denn Jennens direkter Gegner dürfte trotz allem der Deismus sein, den er zwar möglicherweise als von Juden vorbereitet sah, aber der dann doch ein Eigenleben entwickelt hatte. Dazu kommt, dass hier die endzeitliche Herrschaft Gottes vorbereitet wird. Nicht die einmalige Niederschlagung bestimmter Feinde in einem historisch greifbaren Ereignis, sondern die endgültige Niederschlagung aller Feinde ist hier angesprochen. Christus siegt endzeitlich über alle seine Feinde, nicht nur über die Juden, sondern über Deisten, Atheisten, Agnostiker und alle Arten von Christuszweiflern. Zuletzt spricht auch noch das oben gegebene musikalische Argument gegen die These.

Text
Die Feinde Christi werden verlacht und ihre Macht zerbrochen, bevor Gott als der einzig wahre König im großen Halleluja gepriesen wird. Der Spannungsbogen des zweiten Teiles ist bemerkenswert: Zu Beginn wird Jesus verachtet. In Nr. 24 verlachen die Menschen Jesus und verhöhnen ihn. Am Ende des Teils verlacht er, „who dwelleth in heaven", seine Feinde und vernichtet sie. Ist zunächst das Herz des für uns Geschlagenen gebrochen, brechen „wir" nach Jesu Auferstehung die Bande des Bösen und zuletzt bricht Gott die, die sich gegen ihn erheben. Die zentrale Botschaft ist demnach die Erlösung von dem Bösen durch die Selbsthingabe Christi.

𝄢 Auffällig ist, dass selbst der so gewalttätig wirkende Psalm 2 zuletzt auf die Belehrung, nicht auf die Vernichtung der Machthaber zielt. Auch hier steht also das Werbende im Vordergrund. Im 17. und 18. Jahrhundert, einer Zeit voll blutiger Kriege und großer Glaubenskonflikte, war eine klare Sprache, die der beständigen Gefährdung der eigenen Sicherheit entgegenwirkte und Schutz bei einem starken, siegreichen Gott versprach, ebenso wichtig wie in der frühen Kirche, als Paulus und andere sich massiven Anfeindungen und Verfolgungen ausgesetzt sahen. In solchen Zeiten wird der siegreiche Christus betont. Nach all dem

Spott, den der leidende Jesus über sich ergehen lassen musste, ist es nun an ihm, seine Feinde zu verspotten. Das Christusbild ist ein triumphalistisches: Schwäche und Leid ist beabsichtigt und gottgewollt, das wahre Wesen Christi ist aber das des Herrschers, des „king of kings". Deshalb wird auch im BCP Psalm 2 zu Ostern als Morgengesang gesungen. Christus besiegt alle seine Feinde, sogar den Tod (vgl. Paulus, 1 Kor 15,24–26).
Die Aufnahme von Ps 2 in diesem Zusammenhang hat neben Apg 4 vermutlich vor allem Offb 11,15–18 im Blick: den Beginn der Herrschaft Christi mit dem Klang der siebenten Posaune:

... und seiner Herrschaft wird kein Ende sein
8. Szene: Nr. 39
Nr. 39 Chor: Hallelujah

Musik
Dieses so ungemein bekannte und beliebte Stück hat wohl den Ruhm des *Messiah* maßgeblich mitbefördert. Es besteht aus 4 Motiven:
1) Der triumphale, von Pauken und Trompeten begleitete Jubelruf in D-Dur leitet das Stück ein mit seinen anschließenden charakteristischen schnellen Akklamationen auf „Hallelujah", die das ganze Stück durchziehen.
2) Die unisono vorgetragene Phrase „for the Lord God Omnipotent reigneth" weist große Ähnlichkeit mit Philipp Nicolais bekanntem Choral „Wie schön leuchtet der Morgenstern" auf[29]:

TEIL II

Händel, Autograph der Partitur 1741, Halleluja, letzte Takte.
British Library, London.

Notenbeispiel 12a: Nr. 39, Sopranstimme, Takt 12–14

Notenbeispiel 12b: Wie schön leuchtet der Morgenstern

Händel dürfte hier bewusst zitiert haben. Das Lied ist inspiriert von Ps 45 und spricht vom (messianisch gedeuteten) Sohn Davids als „mein König und mein Bräutigam". Genau diese Zeile zitiert Händel nun und spielt dadurch zur Herrschaft des allmächtigen Gottes (Offb 19) auch die emotionalere Bräutigamsmetapher von Ps 45 mit ein.

3) Auch das nächste Motiv speist sich aus einem Choral von Nicolai, der ebenfalls vom Kommen des Messias singt: „Wachet auf, ruft uns die Stimme". Die Worte „the Kingdom of this world is become the Kingdom of our Lord and of His Christ" im Halleluja verweisen auf die Zeile: „Wohlauf, der Bräutgam kommt! Steht auf, die Lampen nehmt!"

4) Die anschließende Fuge „And He shall reign forever and ever" setzt das Choralzitat fort. Bei Nicolai intoniert die Phrase die Worte „Ihr müsset ihm entgegengehn".

Das Stück führt mit stufenweise aufsteigenden Sopranfanfaren, die die Beständigkeit der Gottesherrschaft unterstreichen, sowie mit Akklamationen der anderen Stimmen in eine beinahe übermütige Wiederaufnahme des Fugenthemas, um schließlich in Akklamationen in nicht mehr verlassenem D-Dur grandios zu Ende zu gehen.

Text
Das Halleluja zitiert Offb 19,6; 11,15; 19,16: Damit ist der Bogen zum letzten Buch der Bibel und zum endzeitlichen Sieg Christi, des „Lammes", gespannt. Die Erwartung einer dauerhaften Königsherrschaft eines Sohnes Davids ist im Alten Testament oft thematisiert. Gott selbst verheißt in 2 Sam 7 David die ewige Herrschaft seines Sohnes. Als die

politische Situation nicht mehr an eine Wiederaufnahme eines davididischen Königtums denken ließ, wurde die Verheißung zunehmend eschatologisch, also auf einen endzeitlichen König hin, verstanden. Das Christentum sah in diesem messianischen Sohn Davids Jesus. Das Libretto bejubelt nun dessen Königsherrschaft, möglicherweise nicht ohne leisen herrschaftskritischen Unterton: Nicht der derzeitige Machthaber, König Georg, ist der „king of kings", sondern allein Christus. Dass König Georg sich angeblich beim Halleluja von seinem Sitz erhob und bis zum Ende des Stückes stehen blieb, wurde oft als Reverenz für den göttlichen König verstanden. Vermutlich lag der Grund für die königliche „standing ovation" aber schlicht darin, dass der König (nicht ganz unverständlicherweise) der irrigen Annahme war, das Werk sei nun zu Ende.

𝄢 Tatsächlich markiert das Stück in mehrerer Hinsicht einen Schlusspunkt:

𝄢 Zunächst endet die „Biografie" Jesu und damit auch der auf Christus bezogene Abschnitt des Glaubensbekenntnisses: Nach Geburt, Leben, Tod, Auferweckung, Himmelfahrt, Geistgabe, Wiederkehr und endzeitlicher Vernichtung der Feinde ist mit dem Halleluja die ewige Herrschaft Gottes und seines Gesalbten angebrochen.

𝄢 Der Text des Hallelujas entstammt denn auch dem letzten Buch jeder christlichen Bibel. Und schließlich enden hier auch die alttestamentlichen „Schriftbeweise", dass es sich bei diesem Jesus um den Messias handelt.

𝄢 Doch gibt es auch Brückenschläge zum nun folgenden dritten Teil des Werkes:

Mit dem Blick auf die Endzeit wird die Brücke geschlagen von den im Alten Testament „verheißenen" und bereits eingetretenen Ereignissen hin zu den noch ausstehenden Verheißungen, die einen Grundstein christlicher Hoffnung bilden. Die wichtigste davon ist die Verheißung der Auferstehung aller Toten. Der Text ist von Jennens daher nicht zufällig gewählt.

🎵 Außerdem gelingt durch die Wahl von Offb 19 auch aus liturgischer Perspektive ein äußerst eleganter Überstieg zum dritten Teil des Oratoriums. Im BCP wird Offb 19,1–16 nämlich am Ende des Jahreskreises gelesen: Das Kapitel ist die 2. Lesung des Abendgebetes beim Fest „Allerheiligen" und damit bei einem Fest, das einen Schwerpunkt auf das Leben nach dem Tod setzt. Und auch hier endet die Lesung mit dem Satz „King of kings and Lord of Lords".

Teil III: Auferstehung der Toten

Überblick

Der dritte Teil spricht von der Hoffnung, die dem einzelnen Gläubigen durch Christus bereitet ist. Es geht demnach um die Frage: „Was darf ich hoffen?" und somit um Anagogie. Worauf sich diese Hoffnung gründet, davon sprachen die ersten beiden Teile ausführlich: In Jesus haben sich alle Verheißungen eines Messias getreu und zuverlässig erfüllt. Von dort her dürfen Christen die Gewissheit nehmen, dass

Albrecht Dürer (ca.1471–1528), Apokalypse: Lobgesang der Auserwählten (1497–98), Staatliche Kunsthalle, Karlsruhe.

ihr Messias Christus selbst zuverlässige Verheißungen macht und somit auch die Verheißungen des Neuen Testaments zum Leben nach dem Tod zuverlässig sind. Die beiden ersten Teile sind so etwas wie das Fundament, auf das sich die Hoffnungen gründen.

🎵: Bereits Paulus sieht sich veranlasst, die Hoffnung auf eine Auferstehung der Toten gegen Skeptiker zu verteidigen:

> 12 Wenn aber verkündigt wird, dass Christus von den Toten auferweckt worden ist, wie können dann einige von euch sagen: Eine Auferstehung der Toten gibt es nicht?
> 13 Wenn es keine Auferstehung der Toten gibt, ist auch Christus nicht auferweckt worden.
> 14 Ist aber Christus nicht auferweckt worden, dann ist unsere Verkündigung leer und euer Glaube sinnlos. (...)
> 20 Nun aber ist Christus von den Toten auferweckt worden als der Erste der Entschlafenen (1 Kor 15,12–14.20).

Genau hier mit diesem letzten Satz wird das Libretto einsetzen und die Argumentation teilen: Dass Christus von den Toten auferweckt wurde, ist der Grundstein für den Glauben und für die Hoffnung auf eine Auferstehung aller Toten. Und dass tatsächlich alle Toten auferweckt werden, dafür bürgen die Verheißungen Gottes, die sich bisher auch erfüllt haben.

🎵: So argumentiert auch Tertullian in seiner Schrift „Adversus Marcionem" im Abschnitt: „Die Erfüllung vieler Prophezeiungen verbürgt das Eintreffen der übrigen"[30]:

TEIL III

Da wir nun gezeigt haben, dass alles, was geschehen ist, vor dem Geschehen schon vorhergesagt war, so muss man in Bezug auf ähnliche, aber noch nicht erfüllte Weissagungen der Zuversicht sein, dass sie durchaus in Erfüllung gehen werden. (...) Die Propheten haben nämlich ein zweimaliges Kommen Christi vorhergesagt, das eine, das schon der Geschichte angehört, als das eines missachteten und leidensfähigen Menschen, das andere aber, wenn er ihrer Verkündigung gemäß in Herrlichkeit vom Himmel her mit seiner Engelschar erscheinen wird, wenn er auch die Leiber aller Menschen, die je gelebt haben, wieder auferwecken und die der Würdigen mit Unverweslichkeit bekleiden wird."

Wenn sich alle messianischen Verheißungen in diesem Jesus, dem Christus, erfüllt haben, ist auch sein Wort verlässlich, seine Auferstehung und seine Verheißungen, die die Auferstehung aller Menschen zum Inhalt haben. Die Beweisführung schreitet also im dritten Teil weiter zu einer Zusage und mündet in einer großen Vision. So ist nicht nur das Kommen des Messias, sondern auch das Libretto geprägt von einem Blickwechsel vom Dunkel ins Licht, von der Vergangenheit zur Zukunft, von der Erde zum Himmel. Am Ende könnte auch für uns „der Himmel offen stehen". Die Auswahl der Texte ergibt sich aus der Liturgie. Da sich der Teil mit dem Leben nach dem Tod befasst, verwendet Jennens dementsprechend die zentralen Texte zur Begräbnisliturgie des Book of Common Prayer.

Ijob 19,25–26 steht zu Beginn des III. Teiles wie auch zu Beginn der Begräbnisliturgie. Dort wird er als eine der Schriftstellen zum Anfangsgebet vom Priester gesprochen.
Nach Ijob 19 wird ausführlich der 1. Korintherbrief zitiert: 1 Kor 15,20f.51–57. Dem entspricht die lange Lesung in der Begräbnisliturgie, die vollständig 1 Kor 15,20–58 wiedergibt. In der Zitation von 1 Kor 15 fällt wiederum auf, dass nur die Teile zitiert werden, die auch eine direkte Anspielung und Anbindung an einen alttestamentlichen Text beinhalten.

1 Kor 15,20 f.: 20 Nun aber ist Christus aus den Toten auferweckt, der Erstling der Entschlafenen; 21 denn da ja durch einen Menschen der Tod kam, so auch durch einen Menschen die Auferstehung der Toten.	Gen 2,17; 3,19: Denn Staub bist du und zum Staub wirst du zurückkehren!
1 Kor 15,51: Siehe, ich sage euch ein Geheimnis: Wir werden nicht alle entschlafen, wir werden aber alle verwandelt werden.	
1 Kor 15,54: Wenn aber dieses Vergängliche Unvergänglichkeit anziehen und dieses Sterbliche Unsterblichkeit anziehen wird, dann wird das Wort erfüllt werden, das geschrieben steht: „Verschlungen ist der Tod in Sieg."	Jes 25,8: Den Tod verschlingt er auf ewig.
1 Kor 15,55: „Wo ist, Tod, dein Sieg? Wo ist, Tod, dein Stachel?"	Hos 13,14: Wo sind, Tod, deine Dornen? Wo ist, Scheol, dein Stachel?

Dennoch bleibt die Argumentation vorrangig im Neuen Testament. Das hat vermutlich zwei Gründe: Erstens ist mit 1 Kor 15 ein durchgehender und unüberbietbar klarer und deutlicher Auferstehungstraktat in der Bibel vorhanden. Es ist von daher nicht nötig, sich Belegstellen einzeln aus der Schrift herauszuschälen. Zweitens jedoch handelt es sich bei der nun angesprochenen Thematik um etwas Zukünftiges, also um Verheißungen, die noch nicht verifizierbar sind. Nun kann kein „Beweis" mehr dienen, nun muss man sich mit Schlussfolgerungen behelfen und daraus Vertrauen schöpfen.

𝄢: Die Argumentation lautet: Wir haben euch bewiesen, dass Gott seine Verheißungen erfüllt: Er hat einen Messias in der Schrift verkündet und tatsächlich ist alles eingetreten, wie er gesagt hat. Nun könnt und sollt ihr auf diesen Gott und seinen Messias vertrauen. Seine Verheißungen werden auch in Zukunft erfüllt werden. Das Alte Testament kündigte uns Christus an und er kam. Das Neue Testament bezeugt das. Daher ist das Zeugnis des Neuen Testaments von ihm wahr und wir können auch den Verheißungen des Neuen Testaments glauben, unserem neutestamentlichen Propheten, der uns nun den nächsten Schritt ankündigt: die Auferstehung von den Toten. Die leicht zu übersehende Formulierung dafür findet sich in 1 Kor 15,54: „dann wird das Wort erfüllt werden." Konnten in den ersten beiden Teilen des Librettos die Worte als bereits erfüllt „aufgewiesen" werden, so muss hier an das Vertrauen und den Glauben der Zuhörenden appelliert werden. Auch dieses Wort wird erfüllt werden.

Interessant dabei ist, dass im Book of Common Prayer von 1549 die Begräbnisliturgie noch mit einer Eucharistiefeier in der Kirche abgehalten wurde. In der „protestantischeren" Fassung von 1552 wurde diese Eucharistiefeier dann ersatzlos gestrichen (unter großen Protesten der katholisch ausgerichteten Kreise). Dass Jennens sich nun im dritten Teil seines Librettos so deutlich an der Begräbnisliturgie ausrichtet, dürfte von daher auch damit zusammenhängen. Indiz dafür ist auch die Verwendung von Röm 8,32ff. Diese Verse wurden in der älteren Version des BCP als „Postkommunionvers" gelesen und stehen damit eindeutig im Kontext der Kommunion. Der Schlusschor des Librettos weist Elemente des Schlussgebets und -segens auf. Folgerichtig endet das Werk ebenso wie der Gottesdienst mit einem „Amen".

Wir erwarten die Auferstehung von den Toten ...
1. Szene: Nr. 40–41

Nr. 40 + 41 Arie: *I know that my redeemer liveth* /
Chor: *Since by man came death*

Musik
Der dritte Teil setzt mit einer ruhig schwingenden Sopranarie in eher ungewöhnlichem E-Dur ein und bindet so die Arie zurück zu den ersten Gesangsstücken des Werkes: „Comfort ye" und „Ev'ry valley". Das „I know" ist als Quartsprung aufwärts intoniert, ein Intervall, das Gewissheit ausdrücken soll. Insgesamt strahlt die Arie heitere Gelassenheit und eine nahezu tänzerische Beschwingtheit aus.

𝄢 Der anschließende Chor wechselt zwischen ernsten, getragenen a-capella-Passagen, geprägt von Chromatik und langen Notenwerten einerseits und freudigen, lebhaften C- bzw. D-Dur-Passagen mit harmonischen Tonintervallen andererseits. So wird der Gegensatz zwischen dem ersten, todbringenden Menschen und Christus, dem lebensspendenden Retter, dargestellt. Beachtenswert ist der Tritonus (übermäßige Quart) beim Wort „Adam". Dieses Intervall, wegen seines schrägen Klanges auch „Teufel in der Musik" genannt, untermalt den unheilvollen Tod, der durch Adam in die Welt gekommen ist, eindrücklich. Das Gegenstück, das Leben, das durch Christus kam, wird im Gegensatz dazu mit einer reinen „Quart der Gewissheit" eingeleitet.

Text
Ijob 19 wird in der frühen Kirche nur sehr selten als Auferstehungsbeleg herangezogen. Nur der erste Clemensbrief verweist darauf. Ein wenig mehr Beachtung findet der Vers im 4. Jahrhundert, etwa bei Augustinus. Ein Grund dafür mag wohl sein, dass der Vers zwar in der Septuaginta, nicht aber im hebräischen Text auf eine Auferstehung hinweist. Das hebräische Wort „goel" meint weniger Erlöser, als einen (Aus-)Löser, genauer: einen Menschen, der einen Familienangehörigen aus Schuldknechtschaft oder anderen (materiellen) Nöten auslöst. Im Kontext des Ijobbuches erhofft sich Ijob, dass es zuletzt einen „Anwalt" vor Gott geben werde, der „vor Gericht" aufstehen und Ijobs Unschuld verteidigen werde. Die Offenheit des hebräischen Textes lässt in Schwebe, wer darunter genau zu verstehen ist. Noch schwieriger ist der Folgevers, der nur mit Mühe in einen verständlichen Satz gebracht werden kann: Der Satz

kann „mit meinem Fleisch", aber auch „ohne mein Fleisch" bedeuten. Dementsprechend groß sind die Unterschiede in den Übersetzungen.

✑ Vollends eingebürgert hat sich die Verknüpfung des Ijobverses mit dem Thema Auferstehung vielleicht erst durch die Übersetzung des Hieronymus, der in seiner später maßgeblich gewordenen lateinischen Bibelübersetzung, der Vulgata, den Vers so wiedergibt: „et in novissimo de terra *surrecturus sim* (26) et rursum circumdabor pelle mea et in carne mea videbo Deum" (Am Jüngsten [Tag] *werde ich* von der Erde *auferstehen/erhoben werden* und wieder von Haut umgeben werden und in meinem Fleisch werde ich Gott sehen). Auch Luther übersetzte die Verse 25–26 in diesem Sinne: „Ich weiß, dass mein Erlöser lebet, und er wird mich hernach aus der Erden aufwecken. Und werde darnach mit dieser meiner Haut umgeben werden und werde in meinem Fleisch Gott sehen."

✑ Die Arie schließt nun die beiden Ijobverse mit dem ersten Vers des längeren Auszuges aus 1 Kor 15 ab. Dadurch wird die Gewissheit, dass es einen Erlöser gibt, zur Gewissheit, dass der Erlöser Christus ist und wieder lebt, also auferstanden ist. Die Idee, diese beiden Verse in einer Arie zu verbinden, zeugt vom äußerst kunstsinnigen Gefühl des Librettisten für Stichwortverknüpfung.

✑ Der anschließende Chor proklamiert den damit verbundenen Glaubenssatz: die Adam-Christus-Typologie, die Paulus im Korintherbrief entwickelt, die dem ersten Menschen Adam den zweiten „messianischen" Adam, nämlich Christus, gegenüberstellt. Die Vorstellung, dass durch Adam der Tod in die Welt kam, speist sich aus Gen 3,19, wo

Gott nach dem Essen der verbotenen Frucht zum ersten Mal davon spricht, dass der Mensch Erde/Staub ist und wiederum zu Erde/Staub werden soll (vgl. Gen 3,19). Doch nicht die Sünde Adams steht im Vordergrund, sondern seine Leiblich- und damit auch seine Sterblichkeit. Diese überwindet Christus durch seine Auferstehung, nicht weil er das Leibliche abschafft, sondern weil er es aufhebt und verwandelt. Das wird im Folgenden deutlich.

... und das Leben der kommenden Welt
2. Szene: Nr. 42–43
Nr. 42–43 *Accompagnato: Behold, I tell you a mystery /*
Arie: The trumpet shall sound

Musik
Das kurze, von Streichern unterlegte Accompagnato-Rezitativ der Bassstimme benützt lautmalerische Effekte: Neben dem unerwartet großen Septimsprung abwärts beim Wort „(we shall all be) *chang'd*" ((wir werden alle) *verwandelt*) sind auch die folgenden beiden Einsätze geprägt von solch „plötzlichen" Veränderungen in der Harmonie.
𝄢 Die Arie gestaltet sich passend zum Text als wirkungsvolle Trompeten-Arie im Da-capo-Stil. In majestätisch punktierten Klängen in D-Dur begleitet die Trompete, während die Bass-Stimme ihrerseits den Trompetenklang durch Akkordzerlegungen aufwärts imitiert. Der Mittelteil der Arie stellt die Unverweslichkeit des bislang Verweslichen in Synkopen mit reiner Continuo-Begleitung dar, die sich vorwiegend in h-Moll, der Paralleltonart von D-Dur, bewegt und zuletzt noch nach fis-Moll weiterschreitet.

Text

Die Verse 51–53 enthalten den theologischen Kern der Passage: Über die Weise, wie man nach dem Tod weiterleben könne, gab es zur Zeit Jesu unterschiedliche Auffassungen. Es standen sich, grob gesagt, folgende Ansichten gegenüber:
a) eine Wiedererweckung zum irdischen Leben: Wunderheilungen und Totenerweckungen finden sich bereits im Alten Testament, wenn etwa Elija den Sohn der Witwe wieder zum Leben erweckt (1 Kön 17,17–24). Die spektakulärste Totenerweckung Jesu ist wohl die an seinem Freund Lazarus, der schon mehrere Tage tot ist und nach Angaben der Schwester „schon riecht" (Joh 11,1–44). In der Bibel werden solche Erweckungen aber nicht mit „Auferstehung" gleichgesetzt, da sie wieder in eine diesseitige Existenz münden, die später erneut mit dem Tod endet.
b) die Unsterblichkeit der Seele: Demgegenüber ist nach griechischer Auffassung eine Totenerweckung nicht nötig, insofern die Seele ohnehin nicht sterben kann und auch nach dem Abscheiden des Körpers weiterlebt. Das verbindet sich mancherorts mit dem Glauben an die Präexistenz der Seele, die sich mehrfach wieder in einen Körper begeben kann.
c) Eine Auferstehung zu einem ewigen Leben, das nicht seinerseits wieder mit dem Tod endet, erwarten zu Jesu Zeit vor allem die Pharisäer, während die Saddzuäer diese Vorstellung zurückweisen. Die Saddzuäer sind es auch, die die Diskussion über die Art und Weise, wie Auferstandene dann mit dem diesseitigen Leben in Verbindung stehen, vorantreiben.
𝄢 Paulus spricht in seiner Abhandlung über die Auferstehung von einer Auferstehung mit Leib und Seele, also nicht

nur von einem Weiterleben der Seele. Er spricht aber auch nicht von einer bloßen Wiedererweckung zu einem diesseitigen Leben wie die Auferweckungserzählungen. Es geht um eine Auferstehung in eine neue, nicht mehr von Verwesung und Tod getragene Existenz. Das zentrale Stichwort dabei ist „Unverweslichkeit/Unverderblichkeit". Das ist mehr als das Freisein von Tod im biologischen Sinn, das ist ein Freisein von allem, was Körper und Seele schwächt und verdirbt, und steht daher auch in engem Zusammenhang mit Freisein von Sünde und Schuld. Auferstehung bei Paulus meint Heilwerden, einen Leib „anziehen", dem das Böse und Vergängliche nichts mehr anhaben kann.

𝄢 Die „Posaune" (trumpet), wie das Blechblasinstrument genannt wird, für das es eigentlich keine neuzeitliche Entsprechung gibt (griechisch: salpinx; lateinisch: tuba – vgl. den Requiemtext „Tuba mirum spargens solum..."), wurde zu feierlichen oder militärischen Ankündigungen verwendet und ist Teil von apokalyptischen Vorstellungen der Endzeit. Der Ursprung dieser Vorstellung findet sich in dem apokryphen (nicht in die Bibel aufgenommenen) 4. Buch Esra, wo es im 6. Kapitel heißt:

> 20 Da [am Ende der Zeiten] will ich folgende Zeichen geben: Bücher werden aufgethan ... 21 Jährige Kinder werden ihre Stimme erheben und reden; (...) 23 Die *Drommete* (Posaune) wird laut erschallen; alle Menschen vernehmen sie plötzlich und erbeben. (...) 25 Wer aber überbleibt aus alledem, was ich dir vorausgesagt, der wird gerettet werden und mein Heil und das Ende meiner Welt schauen.[31]

Auch die etwa 40 Jahre nach 1 Kor entstandene Offenbarung des Johannes nimmt dieses Bild wieder auf, wenn sie vom Öffnen des Buches oder dem Klang der sieben Posaunen spricht.

𝄢: Die Auferstehung der Toten, die von der Posaune/trumpet angekündigt wird, wird demnach laut Paulus allen (in Christus gestorbenen) Toten zuteil, umfasst Leib und Seele und ereignet sich am Ende der Zeiten.

3. Szene: Nr. 44–46
Rezitativ + Nr. 44–45 Rezitativ: Then shall be brought to pass / Duett: O death, where is thy sting / Chor: But thanks be to God

Musik
Das kurze Alt-Rezitativ verkündet das „Motto" der beiden anschließenden Nummern: „Der Tod wird verschlungen im Sieg."

𝄢: Das Duett von Alt und Tenor hat musikalisch ein italienisches Duett Händels (HWV 193) zur Vorlage; es besingt scherzhaft die Liebe, die doch besser zu lassen wäre. Ähnlich ironisch und spöttisch spricht nun das Duett im *Messiah* zum Tod, der nun keinen Stachel mehr habe.[32]

Notenbeispiel 13a: HWV 193/1 Takt 1–4

TEIL III

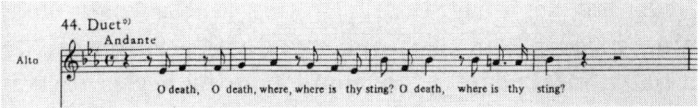

Notenbeispiel 13b: Nr. 45, Altstimme, Takt 1–4

In Es-Dur gehalten wechselt das anmutige Stück bald nach g-Moll, der Tonart für den Tod (vgl. nur die Arie der zu Tode betrübten Pamina in der Zauberflöte, die ihre Selbstmordgedanken damit andeutet).
𝄢 Vom g-Moll-Teil geht das Duett in einen Chor über, der den ersten Teil des Duetts wieder aufnimmt. Auch das Wort „victory" – im ersten Teil der (nicht mehr existente) Sieg des Grabes, im zweiten Teil der Sieg Christi – sticht in beiden Teilen durch seine Punktierung heraus. Der Chor mündet nach durchgehender Polyfonie in der homofonen Schlussphrase „through our Lord Jesus Christ" und verleiht ihr damit eine doxologische (gebetsabschließende) Funktion.

Text

Das zitierte Wort „das da geschrieben steht" findet sich in unseren heutigen Bibeln nicht in dieser Form. Zur Zeit des Paulus gab es mehrere nebeneinander existierende Versionen der „Schrift", sodass kleinere (!) Abweichungen durchaus möglich waren. In Jes 25,8 EÜ heißt der Satz: „Er [Gott] beseitigt den Tod für immer." Der Sinn ist jedoch ähnlich. Der Tod verliert seine Macht. Das spöttische „Wo ist ..." erinnert an den Spott, den Gott seinen Feinden gegenüber an den Tag legte (Rez. vor Nr. 38). Durch die Auferstehung Jesu ist der Tod, der Inbegriff an Zerstörung und Lebensvernichtung, in jeder Form überwunden und besiegt. In einem Nebensatz, fast beiläufig, erwähnt Paulus in diesem Zusammenhang das „Gesetz", das der Sünde Stärke verleiht, die wiederum der Pfeil (also die Waffe) des Todes ist. Mit dem „Gesetz" ist die Tora gemeint, genauer die Gesetzesbestimmungen der Juden. Die radikale Aussage, dass dieses Gesetz der Sünde Kraft verleihe, steht gegen andere, gesetzesfreundlichere Aussagen des Paulus. An dieser Stelle scheint „Gesetz" für allzu selbstgefällige Werkgerechtigkeit zu stehen, die verhindert, die durch Christus erhaltene Gnade angemessen zu würdigen. Von dieser Spitze gegen das Judentum abgesehen, vertritt der Vers die durchaus positive Glaubensüberzeugung, dass mit dem Tod und der Sünde auch jedes Gesetz hinfällig wird, da die Auferstehung der Toten ein Freisein von Tod und Sünde bewirkt. Der Sieg über den Tod wird durch Christus auch „uns" gegeben, wie der Chor mit dem Folgevers 1 Kor 15,57 dankbar bekennt.

Nr. 46 Arie: If God be for us

Die Sopranarie stellt noch ein letztes Innehalten vor dem feierlichen Abschluss des Werkes dar. Vor allem in Barockopern war es keine Seltenheit, die letzte Arie eines Werkes besonders umfangreich zu gestalten. Auch diese Arie hat sowohl an Text als auch an musikalischer Länge einen besonderen Schwerpunkt. Auffällig sind die Wiederaufnahmen von musikalischen Motiven, wie etwa der Tritonus c-fis im Bass und die Modulation nach g-Moll bei den Worten „it is *Christ* that *died*" oder der wiederholte Quartsprung aufwärts bei „Glaubenssätzen" wie „it is *God* who justifieth". Ausgedehnte Koloraturen betonen die wichtigen Worte „justifieth" und „intercession"; in dem Motiv, das erstmals die Fürsprache Christi für uns erwähnt, wollen manche gar ein Choralzitat von Luthers „Aus tiefer Not schrei ich zu dir" erkennen, das das „sola gratia", die Rechtfertigung rein durch die Gnade Gottes, thematisiert.

Text
Mit der Vernichtung des Todes fällt auch jeder andere Feind weg. Um wen es sich dabei auch konkret handeln möge – vor solchen Feinden wird das Leben nach dem Tod geschützt sein. Die Verbindung mit Christus ist es, die solchen Schutz gewährt. Das wird mit drei Versen aus dem Brief des Paulus an die Römer verdeutlicht, nämlich mit Röm 8,31.33–34.
♪ V. 31 lehnt sich dabei an Ps 118,6 an: „Der Herr ist bei mir, ich fürchte mich nicht. Was können Menschen mir antun?" (vgl. auch Ps 56,10). Feinde als Teil der Lebensrealität sind häufiges Thema in den Psalmen, die Sicherheit vor Feinden wiederum eines der wichtigsten Merkmale der Heilszeit. Auch bei Paulus ist daher die Gewissheit, in Christus vor aller Anfechtung geschützt zu sein, ein zentrales Element seiner Auferstehungssicht.
♪ Röm 8,33 spricht, vielleicht etwas unvermutet, von Rechtfertigung. Die Verbindung von Auferstehungshoffnung und Rechtfertigung hängt mit dem Gedanken des Gerichts zusammen. Während aber weder das Nizänisch-konstantinopolitanische noch das Apostolische Glaubensbekenntnis diesen Zusammenhang explizit entfaltet, finden wir eine einschlägige Stelle im dritten damals gültigen

Glaubensbekenntnis, dem Glaubensbekenntnis des Athanasius aus dem 4. Jahrhundert, das bis heute in der anglikanischen Kirche gebräuchlich ist. Dort heißt es über die Wiederkunft Christi:

> Bei seiner Ankunft werden alle Menschen mit ihren Leibern auferstehen
> *und über ihre Taten Rechenschaft ablegen.*

So verbindet dieses Bekenntnis den Gedanken der Rechtfertigung, der in Röm 8,33 thematisiert ist, mit dem Thema des Librettos an dieser Stelle, nämlich mit der Auferstehung der Toten, und dürfte auch im Hintergrund für die Einfügung stehen. Es wird demnach nicht nur Gericht über „Lebende und Tote" gehalten, sondern die auferstandenen Menschen müssen oder dürfen noch einmal selbst Rechenschaft ablegen. Die Frage der Rechtfertigung, also wodurch der Mensch das göttliche Gericht überhaupt bestehen kann, ist ein unter den Konfessionen sehr umstrittenes Thema. Die anglikanische Kirche stellt dazu fest:

> 11. Von der Rechtfertigung des Menschen
> Allein um des Verdienstes unseres Herrn und Heilandes Jesu Christi willen, durch den Glauben, nicht um unserer Werke und Verdienste willen, werden wir vor Gott für gerecht geachtet. Dass wir daher allein durch den Glauben gerechtfertigt werden, ist eine sehr heilsame und sehr trostvolle Lehre, wie in der Homilie von der Rechtfertigung des Menschen weiter ausgeführt wird.

V. 33 zitiert das 3. Lied vom Gottesknecht aus Jesaja 50:

> Er, der mich freispricht, ist nahe. Wer wagt es, mit mir zu streiten? Lasst uns zusammen vortreten! Wer ist mein Gegner im Rechtsstreit? Er trete zu mir heran. Seht her, Gott, der Herr, wird mir helfen. Wer kann mich für schuldig erklären? (Jes 50,8)

Der siegessichere, „hymnische Töne" (Theobald, 253) anschlagende Vers 33 lässt keinen Zweifel darüber, dass Gott selbst es ist, der rechtfertigt, und Christus, der Fürsprache für uns einlegt. Statt durch Werkgerechtigkeit oder aber durch Angst vor einer willkürlichen Gnade oder Ungnade (so die Gewissheit des Verses) wird die Rechtfertigung durch das „sola fide", also durch Glauben allein, erlangt.

𝄢 Dass Vers 32 im Libretto fehlt, der auf die Bindung Isaaks Bezug nimmt, gibt manchmal Anlass zu Spekulationen. Am einfachsten erklärt sich der Umstand dadurch, dass der Vers auch in der Vorlage, dem BCP von 1549, fehlt. Röm 8,31 bzw. 8,33–34 sind zwei von insgesamt 21 Texten, die als „Post-Kommunion", d.h. als vom Klerus nach der Kommunion gesungene oder gesprochene Verse, im BCP 1549 angegeben sind. Durch die Aufnahme dieser liturgisch wichtigen Verse ist wohl auch eine kleine Spitze gegen das neuere Book of Common Prayer von 1552 bzw. 1662 gegeben, wo die Begräbnisliturgie ohne Kommunion und daher auch ohne Postkommunionvers auskommt.

Abschluss
4. Szene: Nr. 47
Nr. 47 Chor: Worthy is the lamb

Musik
Das feierliche Schlussstück des *Messiah* in majestätischem D-Dur wechselt zunächst zweimal zwischen Largo und Andante. Der Chor preist im Largo jeweils die Würdigkeit des geschlachteten „Lammes" homofon in choralartigem Duktus, bevor das Andante in schnelleren Notenwerten die Gaben von Kraft und Stärke entgegenstellt.

𝄢 Auffällig ist die Betonung des Wortes „blessing", das den zweiten Teil des Chores einleitet. Es steht zu Beginn des getragenen (Larghetto!) Fugenthemas, das von den Männerstimmen vorgegeben, von den Frauenstimmen jedoch nicht vollständig übernommen wird. Stattdessen eilen die Soprane schon bald in einer aufsteigenden Koloratur eineinhalb Oktaven aufwärts und unterstreichen so die Ehre (glory) des Lammes.

𝄢 Das Werk mündet schließlich in eine schnelle, diesmal vollständig durchgeführte kunstvolle Amen-Fuge, die noch einmal Händels ganze Kunst hörbar macht.

Text
Der Schlusschor zitiert, wie schon jener des zweiten Teils, das letzte Buch der Bibel, die Offenbarung des Johannes (Offb 5,12f.). Gleichzeitig wird mit dem Motiv des Lammes an den Beginn des zweiten Teils angeknüpft. Durch die durchgängigen Texte entsteht ein kohärentes Ganzes. Im Zentrum steht die Auferstehungshoffnung von 1 Kor 15. Je-

sus ist der, der lebendig macht. Zuletzt wird er als das Lamm als würdig erwiesen.

☞ Die Wendung „redeemed by his/thy blood" ist geläufig in Tagesgebeten. So heißt es etwa in der Liturgie zur „Visitation of the sick" vor dem „Herr, erbarme dich"-Ruf:

> Remember not, Lord, our iniquities nor the iniquities of our forefathers. Spare us, good Lord, spare thy people, whom thou hast *redeemed by thy precious Blood* and be not angry with us forever.

Die Anklänge an die Gottesdienstordnung der frühanglikanischen Kirche, wie sie im BCP von 1549 vorgegeben war, erhalten nun noch das Element des Dankgebetes am Ende des Gottesdienstes sowie das des Schlusssegens hinzu. Das Dankgebet beginnt mit den Worten:

> ALMIGHTYE and everlyvyng GOD, we moste hartely thanke thee, for that thou hast vouchsafed to feede us in these holy Misteries, with the spirituall foode of the moste precious body *and bloud of thy sonne*, our saviour Jesus Christ (...).

und endet mit der Schlussdoxologie:

> „... through Jesus Christe our Lorde, to whome with thee and the holy gost, bee all honour and glory, world without end."

Danach folgt der Schlusssegen mit den Worten:

> ... And the blessing of God almightie, the father, the sonne, and the holy gost, be emonges you and remayne with you alway.
> *(Then the people shall aunswere.)*
> Amen.[33]

Die Parallelen zu einer liturgischen Feier sind offenkundig und wohl beabsichtigt. Das erhabene „subject" des Messias zu besingen, kann wohl nach Meinung von Librettist und Komponist nur in der Form einer Liturgie angemessen gelingen.

Händel, Autograph der Partitur 1741, Worthy is the lamb, Beginn. British Library, London.

IV. Zusammenschau

Das Christusbild des *Messiah* ist stark triumphalistisch. Von Anfang an wird der Fokus auf die Verkündigung seiner heilsbringenden Herrlichkeit gelegt. Damit steht die Christologie des Werkes den Glaubensbekenntnissen nahe.

𝄢: Christus ist *der von den Propheten Verkündete*, auf den Johannes der Täufer vorverweist. Er zieht in seinen Tempel ein und lässt für alle die Herrlichkeit aufstrahlen. Er ist das Licht der Welt.

𝄢: Er ist zudem der *Sohn Gottes* (der eingeborene Sohn, wahrer Gott vom wahren Gott). Dabei verschmilzt er sogar stellenweise mit dem Vater. Es ist zum Beispiel nicht immer klar, ob mit „König" oder „Herr" Gott oder Christus gemeint ist. In Rezitativ Nr. 15 (Lk 2,11) wird Christus als „Herr" bezeichnet, in Nr. 16 dürfte mit dem „König" folgerichtig ebenfalls Christus gemeint sein (Sach 9,9f.). Dazwischen jedoch wird Gott mit den Worten des Gloria gepriesen, wodurch eine Unschärfe entsteht. Auch in Ps 24 wird nur durch den Kontext deutlich, dass es sich beim einziehenden König nicht um Gott, sondern um seinen Heiligen handelt. Vermutlich ist diese Unschärfe ein Stück weit beabsichtigt. Das Verschmelzen von Gott und Christus ist in der anglikanischen Theologie stark betont.

𝄢: Christus ist gleichzeitig *Sohn des Menschen*, also *wahrer Gott und wahrer Mensch*. Auch das ist ein zentraler Glaubensartikel christlicher Kirchen. Dabei stellt das Libretto auch den Menschen Christus als überlegenen Meister dar: Er heilt und belehrt, er mahnt und tröstet und erweist sich so als Heilsbringer und fürsorglicher Hüter. Während vor seiner Geburt Bilder der Macht, des Ruhmes und der Ehre dominierten, wird er selbst als der Friedensbringer geschildert. Mit dem Kommen Christi schwindet denn auch die Angst aus dem Libretto. Als Hirte nährt und sammelt er seine Herde und führt vor allem die, die jung sind. Christus, ein mächtiger König, aber dennoch zärtlicher, fürsorglicher Hirte. Die Einladung, bei ihm Ruhe zu suchen und zu finden, ist tröstlich. Später wird er selbst zum Lamm und auch hier steht die Sorge für die Menschen im Vordergrund. Das Lamm ist nur scheinbar ein schwaches Wesen, denn es ist erstens das Lamm Gottes, zweitens ist es wirkmächtig, indem es die *Sünde der Welt hinwegnehmen* kann, und drittens erweist es sich zuletzt als *endzeitlicher Herrscher* (Worthy is the lamb).

♪: Sehr ausführlich wird Christus als Leidender dargestellt. Sein seelischer Schmerz und sein Gram sind aber wieder keine Zeichen von Schwäche, sondern heilsnotwendig, indem dadurch alle seelischen Schmerzen, aller Gram von „uns" weggenommen werden. Die Schläge heilen „uns". „Unsere" Übertretungen nimmt er auf. Während zu Beginn des Werkes dem Volk Trost zugesprochen wird, ist nun hier keiner, der den leidenden Messias tröstet. Christus hat wahrhaft gelitten. Dabei steht weniger die Emotion im Vordergrund, als vielmehr die Heilslehre: Nur durch Christi Tod konnten wir erlöst sein und nur dadurch geschieht der endzeitliche Sieg über alle Feinde. Und erst nach diesem

Sieg über die Feinde, über den Feind schlechthin, den Tod, wird allen die Auferstehung von den Toten zuteil. Es geht nicht um die Niederschlagung unliebsamer Zeitgenossen, sondern um den einen, letzten Sieg über alles Lebensfeindliche. Erst dann, wenn in der ganzen Welt das Evangelium geglaubt wird, findet dieser „Endkampf" statt. Und Gott und sein Gesalbter herrschen für immer und ewig.

🎵 Die Botschaft Christi ist *an alle* gerichtet. Keinerlei Einschränkungen werden gegeben, weder räumliche noch zeitliche, soziale oder ethnische. Eine Sendung vorrangig zu den zwölf Stämmen Israels, wie etwa im Matthäusevangelium, wird nicht angesprochen. Damit fällt aber auch die Verwerfung Israels weg. Die Frontstellung lautet also nicht: Jesus – Israel, sondern Jesus – Feinde des Glaubens, egal, welcher Herkunft und welcher Glaubensrichtung. Ein endzeitlicher Sieg wird angekündigt, aber die Stoßrichtung ist eine missionarische: Nicht Verwerfung der Feinde ist das Ziel, sondern Motivation zur „Bekehrung". Alle, die nicht an diesen Messias glauben, sollen verlockt, überredet, überzeugt und angetrieben werden, ihre Meinung zu ändern.

🎵 Die Musik des bedeutendsten Oratorienkomponisten seiner Zeit, verbunden mit den Worten der Bibel, sollte diesem „erhabenen" Ziel zum Durchbruch verhelfen.

Ob das Werk dieses Ziel erreicht hat, mag dahingestellt sein. Doch dass Jennens und Händel mit ihrem *Messiah* Generationen von Musikschaffenden und -liebenden in aller Welt erreicht und ihnen eine Ahnung vom „Erhabenen, Glanzvollen und Empfindsamen" der christlichen Verkündigung mitgegeben haben, ist wohl unbestritten.

v. Der Text

Der Bibeltext stammt aus der KJV mit Ausnahme der Psalmen, die dem BCP entnommen sind; Varianten sind in eckigen Klammern, bewusste Änderungen kursiv vermerkt.

Part I:

Nr. 1 Ouverture

1. Szene:
Nr. 2 Recitative accompanied (Tenor)
Isaiah 40:1–3
Comfort ye, comfort ye my people, saith your God;
speak ye comfortably to Jerusalem; and cry unto her, that her warfare is accomplished, that her iniquity is pardoned.

The voice of him that crieth in the wilderness, Prepare ye the way of the Lord, make straight in the desert a highway for our God.

Der Bibeltext ist der Einheitsübersetzung entnommen, Varianten, um der englischen Vorlage mehr zu entsprechen, sind in eckigen Klammern, bewusste Änderungen der Vorlage kursiv vermerkt. Kursiv in Klammer stehen Auslassungen des Librettos gegenüber dem Bibeltext.

Teil I:

Nr. 1 Ouverture

1. Szene:
Nr. 2 Accompagnato (Tenor)
Jes 40,1–3
Tröstet, tröstet mein Volk, spricht euer Gott.
Redet Jerusalems zu Herzen und verkündet der Stadt, dass sein Frondienst vollendet, dass ihre Schuld beglichen ist!
(*Denn es hat von der Hand des HERRN das Doppelte empfangen für all seine Sünden.*)
Eine Stimme ruft: Bahnt für den Herrn einen Weg durch die Wüste! Baut in der Steppe eine ebene Straße für unseren Gott!

Nr. 3 Air (Tenor)
Isaiah 40:4
Every valley shall be exalted, and every mountain and hill made low; the crooked straight, and the rough places plain.

Nr. 4 Chorus
Isaiah 40:5
And the glory of the Lord shall be revealed, and all flesh shall see it together; for the mouth of the Lord hath spoken it.

2. Szene
Nr. 5 Recitative accompanied (Bass)
Haggai 2:6, 7
Thus saith the Lord of Hosts: Yet once a little while and I will shake the heavens, and the earth, the sea, and the dry land;
and I will shake all nations, and the desire of all nations shall come.
Malachi 3:1
The Lord, whom ye seek, shall suddenly come to his temple, even the messenger of the covenant,
whom ye delight in; Behold, He shall come, saith the Lord of Hosts.

Nr. 6 Air (Alto)
Malachi 3:2
But who may abide the day of His coming, and who shall stand when He appeareth? For He is like a refiner's fire.

Nr. 3 Arie (Tenor)
Jes 40,4
Jedes Tal soll sich heben, jeder Berg und Hügel sich senken! Was krumm ist, soll gerade werden, und was hügelig, ist, werde eben!

Nr. 4 Chor
Jes 40,5
Dann offenbart sich die Herrlichkeit des Herrn [und alles Fleisch miteinander wird] es sehen. Ja, der Mund des HERRN hat gesprochen.

2. Szene
Nr. 5 Accompagnato (Bass)
Hag 2,6–7
Denn so spricht der Herr der Heere: Nur noch kurze Zeit, dann lasse ich den Himmel und die Erde, das Meer und das Festland erbeben
und ich lasse alle Völker erzittern. Dann [kommt das/der Ersehnte aller Völker herbei.] (…)
Mal 3,1
(…) Dann kommt plötzlich zu seinem Tempel der Herr, den ihr sucht, und der Bote des Bundes,
den ihr herbeiwünscht. Seht, er kommt!, spricht der Herr der Heere.

Nr. 6 Arie (Alt)
Mal 3,2
Doch wer erträgt den Tag, an dem er kommt? Wer kann bestehen, wenn er erscheint? Denn er ist wie das Feuer im Schmelzofen. (…)

Nr. 7 Chorus
Malachi 3:3
And He shall purify the sons of Levi, that they may offer unto the Lord an offering in righteousness.

3. Szene
Recitative
Isaiah 7:14
Behold, a virgin shall conceive, and bear a Son, and shall call His name EMMANUEL,
Mt 1:23
God with us.

Nr. 8 Air (Alto)
Isaiah 40:9
O thou that tellest good tidings to Zion, get thee up into the high mountain; O thou that tellest good tidings to Jerusalem, lift up thy voice with strength; lift it up, be not afraid; say unto the cities of Judah, Behold your God!
Isaiah 60:1
Arise, shine, for thy Light is come, and the glory of the Lord is risen upon thee.

Nr. 9 Recitative accompanied (Bass)
Isaiah 60:2, 3
For, behold, darkness shall cover the earth and gross darkness the people; but the Lord shall arise upon thee, and His glory shall be seen upon thee,
and the Gentiles shall come to thy light, and kings to the brightness of thy rising.

Nr. 7 Chor
Mal 3,3
(...) Er [wird] die Söhne Levis [reinigen] (...). Dann werden sie dem Herrn die richtigen Opfer darbringen.

3. Szene
Rezitativ (Alt)
Jes 7,14
(...) Siehe, die Jungfrau wird ein Kind empfangen, sie wird einen Sohn gebären und wird ihm den Namen Immanuel geben.
Mt 1,23
(was übersetzt ist:) Gott mit uns.

Nr. 8 Arie and Chor (Alt und Chor)
Jes 40,9
Steig auf einen hohen Berg, Zion, du Botin der Freude! Erhebe deine Stimme mit Macht, Jerusalem, du Botin der Freude! Erheb deine Stimme, fürchte dich nicht! Sag den Städten in Juda: Seht, da ist euer Gott!
Jes 60,1
Auf, werde licht, denn es kommt dein Licht und die Herrlichkeit des Herrn geht leuchtend auf über dir.

Nr. 9 Accompagnato (Bass)
Jes 60,2–3
Denn siehe, Finsternis bedeckt die Erde und Dunkel die Völker; doch über dir geht leuchtend der HERR auf, seine Herrlichkeit erscheint über dir.
Völker wandern zu deinem Licht und Könige zu [deiner strahlenden Herrlichkeit].

Nr. 10 Air (Bass)
Isaiah 9:2
The people that walked in darkness have seen a great light: and they that dwell in the land of the shadow of death, upon them hath the light shined.

Nr. 11 Chorus
Isaiah 9:6
For unto us a Child is born, unto us a Son is given, and the government shall be upon His shoulder:
and His name shall be called Wonderful, Counsellor, the Mighty God, the Everlasting Father, the Prince of Peace.

4. Szene
Nr. 12 Pastoral Symphony
Recitative (Soprano)
Luke 2:8
There were shepherds abiding in the field, keeping watch over their flocks by night.

Nr. 13 Recitative accompanied (Soprano)
Luke 2:9
And lo! the angel of the Lord came upon them, and the glory of the Lord shone round about them, and they were sore afraid.

Recitative (Soprano)
Luke 2:10, 11
And the angel said unto them, Fear not; for, behold, I bring you good tidings of great joy, which shall be to all people.

Nr. 10 Arie (Bass)
Jes 9,1
Das Volk, das im Dunkel [ging, sah] ein helles Licht;
über denen, die im Land [des Todesschatten] wohnen,
strahlt ein Licht auf.

Nr. 11 Chor
Jes 9,5
Denn uns ist ein Kind geboren, ein Sohn uns geschenkt,
die Herrschaft [wird] auf seiner Schulter [sein]; man
nennt ihn: Wunderbarer [,] Ratgeber, Starker Gott,
Vater in Ewigkeit, Fürst des Friedens.

4. Szene
Nr. 12 Pifa
Rezitativ (Sopran)
Lk 2,8
[Es] lagerten Hirten auf freiem Feld und hielten Nachtwache bei ihrer Herde.

Nr. 13 Accompagnato (Sopran)
Lk 2,9
Da trat der Engel des Herrn zu ihnen und [die Herrlichkeit] des Herrn umstrahlte sie. Sie fürchteten sich sehr,

Rezitativ (Sopran)
Lk 2,10–11
der Engel aber sagte zu ihnen: Fürchtet euch nicht, [denn ich bringe euch eine frohe Botschaft von großer Freude],

For unto you is born this day in the city of David a Saviour, which is Christ the Lord.

Nr. 14 Recitative accompanied (Soprano)
Luke 2:13
And suddenly there was with the angel a multitude of the heavenly host praising God, and saying:

Nr. 15 Chorus
Luke 2:14
Glory to God in the highest, and peace on earth, good will towards men.

5. Szene
Nr. 16 Air (Soprano)
Zechariah 9:9, 10
Rejoice greatly, O daughter of Zion; Shout, O daughter of Jerusalem: behold, thy king cometh unto thee. (…)
He is the righteous Saviour, and He shall speak peace unto the heathen.

die dem ganzen Volk [zu jedem Volk] zuteilwerden soll:
Heute ist euch in der Stadt Davids [ein] Retter geboren;
er ist [Christus], der Herr.
*(12 Und das soll euch als Zeichen dienen: Ihr werdet ein Kind finden,
das, in Windeln gewickelt, in einer Krippe liegt.)*

Nr. 14 Accompagnato (Sopran)
Lk 2,13
Und plötzlich war bei dem Engel ein großes himmlisches
Heer, das Gott lobte und sprach:

Nr. 15 Chor
Lk 2,14
[Ehre sei] Gott in der Höhe und auf Erden ist Friede bei
den Menschen seiner Gnade [und den Menschen ein Wohlgefallen].

5. Szene
Nr. 16 Arie (Sopran)
Sach 9,9–10
Juble laut, Tochter Zion! Jauchze, Tochter Jerusalem!
Sieh, dein König kommt zu dir. [er ist der gerechte Retter];
*(er ist demütig und reitet auf einem Esel, auf einem Fohlen, dem
Jungen einer Eselin. Ich vernichte die Streitwagen aus Efraim
und die Rosse aus Jerusalem, vernichtet wird der Kriegsbogen.)*
Er verkündet für die Völker den Frieden.

Recitative (Alto)
Isaiah 35:5, 6
Then shall the eyes of the blind be opened, and the ears of the deaf unstopped;
then shall the lame man leap as an hart, and the tongue of the dumb shall sing.

Nr. 17 Air (Alto and Soprano / Alto)
Isaiah 40:11
He shall feed His flock like a shepherd; and He shall gather the lambs with His arm, and carry them in His bosom, and gently lead those that are with young.
(Soprano)
Matthew 11:28, 29
Come unto Him, all ye that labour and are heavy laden, and He shall give you rest.
Take His yoke upon you, and learn of Him for He is meek and lowly of heart: and ye shall find rest unto your souls (= Jer 6:16).

Nr. 18 Chorus
Matthew 11:30
His yoke is easy and His burthen is light.

Rezitativ (Alt)
Jes 35,5–6
Dann werden die Augen der Blinden geöffnet, auch die Ohren der Tauben sind wieder offen.
Dann springt der Lahme wie ein Hirsch, die Zunge des Stummen jauchzt auf.

Nr. 17 Duett (Alt und Sopran / Alt)
Jes 40,11
Wie ein Hirt führt er seine Herde zur Weide,
er sammelt [die Lämmer] mit starker Hand. [er trägt sie] [in seinem Schoß], die Mutterschafe führt er behutsam.
(Sopran)
Mt 11,28–29
Kommt alle zu *ihm*, die ihr euch plagt und schwere Lasten zu tragen habt. *Er wird* euch Ruhe verschaffen.
Nehmt *sein* Joch auf euch und lernt von *ihm;* denn *er ist* gütig und von Herzen demütig; so werdet ihr Ruhe finden für eure Seele.

Nr. 18 Chor
Mt 11,30
Sein Joch [ist sanft] und *seine* Last ist leicht.

PART II:

1. Szene
Nr. 19 Chorus
John 1:29
Behold the Lamb of God,
that taketh away the sin of the world.

Nr. 20 Air (Alt)
Isaiah 53:3
He was despised and rejected of men: a man of sorrows,
and acquainted with grief.
Isaiah 50:6
He gave His back to the smiters, and His cheeks to them
that plucked off the hair: He hid not His face from shame
and spitting.

Nr. 21 Chorus
Isaiah 53:4, 5
Surely He hath borne our griefs, and carried our sorrows;
He was wounded for our trangressions; He was bruised for
our iniquities; the chastisement of our peace was upon
Him.

Nr. 22 Chorus
Isaiah 53:5
And with His stripes we are healed.

TEIL II:

1. Szene
Nr. 19 Chor
Joh 1,29
Seht, das Lamm Gottes, das die Sünde der Welt hinwegnimmt.

Nr. 20 Arie (Alt)
Jes 53,3
Er wurde verachtet und von den Menschen gemieden, ein Mann voller Schmerzen, mit [Gram] vertraut. *(Wie einer, vor dem man das Gesicht verhüllt, war er verachtet; wir schätzten ihn nicht.)*
Jes 50,6
Er hielt *seinen Rücken denen hin, die ihn* schlugen, und denen, die mir [das Haar] ausrissen, *seine* Wangen. Mein Gesicht verbarg *er* nicht vor Schmähungen und Speichel.

Nr. 21 Chor
Jes 53,4–5
[Wahrlich], er hat [unseren Gram] getragen und unsere Schmerzen auf sich geladen. *(Wir meinten, er sei von Gott geschlagen, von ihm getroffen und gebeugt.)*
Doch er wurde [verwundet] wegen unserer Verbrechen, *(wegen unserer Sünden zermalmt.)* [Die Geißelung unseres Friedens war auf ihm],

Nr. 22 Chor
Jes 53,5
durch seine Wunden sind wir geheilt.

Nr. 23 Chorus
Isaiah 53:6
All we like sheep have gone astray; we have turned every one to his own way; and the Lord hath laid on Him the iniquity of us all.

Nr. 24 Recitative accompanied (Tenor)
Psalm 22:7
All they that see *Him*, laugh *Him* to scorn, they shoot out their lips, and shake their heads saying:

Nr. 25 Chorus
Psalm 22:8
He trusted in God that He would deliver Him; let Him deliver Him, if He delight in Him.

Nr. 26 Recitative accompanied (Tenor)
Psalm 69:20
Thy rebuke hath broken *His* heart; *He* is full of heaviness. *He* looked for some to have pity on *Him*, but there was no man; neither found *He* any to comfort *Him*.

Nr. 27 Air (Tenor)
Lamentations 1:12
Behold, and see if there be any sorrow like unto *His* sorrow.

2. Szene
Nr. 28 Recitative accompanied (Tenor)
Isaiah 53:8
He was cut off out of the land of the living: for the transgression of *Thy* people was He stricken.

Nr. 23 Chor
Jes 53,6
[Wir sind alle auseinandergelaufen] wie Schafe, jeder ging für sich seinen Weg. Doch der Herr lud auf ihn die Schuld von uns allen.

Nr. 24 Accompagnato (Tenor)
Psalm 22,8
Alle, die *ihn* sehen, verlachen *ihn*, verziehen die Lippen, schütteln den Kopf [und sagen]:

Nr. 25 Chorus
Psalm 22,9
[Er vertraute dem Herrn, dass Er ihn befreie. Lass Ihn ihn befreien], wenn er an ihm Gefallen hat.

Nr. 26 Accompagnato *(Tenor)*
Psalm 69,21
Deine Verwerfung bricht *ihm* das Herz, [er ist voll von Schwere]; [Er hielt Ausschau nach jemanden, der Mitleid hätte, doch da war niemand; noch fand er einen, der *ihn* tröste.]

Nr. 27 Arioso (Tenor)
Klgl 1,12
schaut doch und seht, ob ein Schmerz ist wie *sein* Schmerz.

2. Szene
Nr. 28 Accompagnato (Tenor)
Jes 53,8
Er wurde vom Land der Lebenden abgeschnitten und wegen der Verbrechen *deines* Volkes (zu Tode) getroffen.

Nr. 29 Air (Tenor)
Psalm 16:10
But Thou didst not leave His soul in hell; nor didst Thou suffer Thy Holy One to see corruption.

3. Szene
Nr. 30 Chorus
Psalm 24:7–10
Lift up your heads, O ye gates; and be ye lift up, ye everlasting doors; and the King of glory shall come in.
Who is the King of glory? The Lord strong and mighty, the Lord mighty in battle.
Lift up your heads, O ye gates; and be ye lift up, ye everlasting doors; and the King of glory shall come in.
Who is the King of glory? The Lord of Hosts, He is the King of Glory.

4. Szene
Recitative (Tenor)
Hebrews 1:5
Unto which of the angels said He at any time, Thou art my Son, this day have I begotten Thee?

Nr. 31 Chorus
Hebrews 1:6
Let all the angels of God worship Him.

Nr. 29 Arie (Tenor)
Psalm 16,10
[Doch du ließest *seine* Seele nicht in der Hölle; du littest es nicht, dass dein Heiliger die Vergänglichkeit schaue].

3. Szene
Nr. 30 Chor
Psalm 24,7–10
Ihr Tore, hebt euch nach oben, hebt euch, ihr [ewigen] Pforten; [und] es kommt der König der Herrlichkeit.
Wer ist der König der Herrlichkeit? Der Herr, stark und gewaltig, der Herr, mächtig im Kampf.
Ihr Tore, hebt euch nach oben, hebt euch, ihr uralten Pforten; denn es kommt der König der Herrlichkeit.
Wer ist der König der Herrlichkeit? Der Herr der Heerscharen, er ist der König der Herrlichkeit.

4. Szene
Rezitativ (Tenor)
Hebr 1,5
Denn zu welchem Engel hat er jemals gesagt: Mein Sohn bist du, heute habe ich dich gezeugt,
(und weiter: Ich will für ihn Vater sein und er wird für mich Sohn sein?)

Nr. 31 Chorus
Hebr 1,6
(Wenn er aber den Erstgeborenen wieder in die Welt einführt, sagt er:)
Alle Engel Gottes sollen [ihm huldigen].

5. Szene
Nr. 32 Air (Alt)
Psalm 68:18
[Thou art gone up] on high, Thou hast led captivity captive, and received gifts for men; yea, even for [Thine enemies], that the Lord God might dwell among them.

Nr. 33 Chorus
Psalm 68:11
The Lord gave the word: great was the company of [the preachers].

Nr. 34 Air (Sopran)
Romans 10:15
How beautiful are the feet of them that preach the gospel of peace, and bring glad tidings of good things.

Nr. 35 Chorus
Ps 19:5/Romans 10:18
Their sound is gone out into all lands, and their words unto the ends of the world.

6. Szene
Nr. 36 Air (Bass)
Psalm 2:1–2
Why do the *nations* so furiously rage together? [and] why do the people imagine a vain thing?
The kings of the earth rise up, and the rulers take consel together against the Lord, and against His Anointed.

5. Szene
Nr. 32 Arie (Alt)
Psalm 68,19
Du zogst hinauf zur Höhe, führtest [Gefangenschaft gefangen und] du nahmst Gaben entgegen [für die] Menschen. [Ja, sogar für deine Feinde, dass Gott, der Herr, unter ihnen wohnt.]

Nr. 33 Chor
Psalm 68,12
Der Herr entsendet[e] sein Wort; groß [war die Schar der Prediger/Verkünder].

Nr. 34 Duett (Sopran, Alt)
Röm 10,15
(…) Wie [schön sind die Füße derer, die das Evangelium des Friedens predigen und die frohe Botschaft von guten Dingen bringen.]

Nr. 35 Chor
Ps 19,5
[Ihr Klang] geht in [alle Länder] hinaus, ihre [Worte] bis zu den Enden der Erde.

6. Szene
Nr. 36 Arie (Bass)
Psalm 2,1–2
Warum toben die Völker, warum machen die Nationen vergebliche Pläne?
Die Könige der Erde stehen auf, die Großen haben sich verbündet gegen den Herrn und seinen Gesalbten.

Nr. 37 Chorus
Psalm 2:3
Let us break their bonds asunder, and cast away their yokes from us.

7. Szene
Recitative (Tenor)
Psalm 2:4
He that dwelleth in heaven shall laugh them to scorn; the Lord shall have them in derision.

Nr. 38 Air (Tenor)
Psalm 2:9
Thou shalt break them with a rod of iron; Thou shalt dash them in pieces like a potter's vessel.

8. Szene
Nr. 39 Chorus
Revelation 19:6/11:17; 11:15 (vgl. Dan 7,14.18LXX); 17:14/19:16
Hallelujah! for the Lord God omnipotent reigneth. The kingdom of this world is become the kingdom of our Lord, and of His Christ:
and He shall reign for ever and ever.
King of kings, and Lord of Lords, Hallelujah!

Nr. 37 Chor
Psalm 2,3
Lasst uns ihre Fesseln zerreißen und von uns werfen ihre [Joche]!

7. Szene
Rezitativ (Tenor)
Psalm 2,4
Er, der im Himmel [wohnt], [ver]lacht [sie], der Herr verspottet sie.

Nr. 38 Arie (Tenor)
Psalm 2,9
Du wirst sie [zerbrechen] mit eiserner Keule, wie Krüge aus Ton wirst du sie zertrümmern.

8. Szene
Nr. 39 Chor
Offb 19,6
Halleluja! [Denn der Herr, unser Gott, herrscht allmächtig.]
Offb 11,15
[Das Königreich dieser Welt wurde das Königreich unseres Herrn und Seines Christus: und er wird herrschen für immer und ewig.]
Offb 19,16
König der Könige und Herr der Herren, Halleluja!

PART III:

1. Szene
Nr. 40 Air (Sopran)
Job 19:25, 26
I know that my Redeemer liveth, and that He shall stand at the latter day upon the earth:
And though worms destroy this body, yet in my flesh shall I see God.
I Corinthians 15:20
For now is Christ risen from the dead, the first-fruits of them that sleep.

Nr. 41 Chorus
I Corinthians 15:21, 22
Since by man came death, by man came also the resurrection of the dead.
For as in Adam all die, even so in Christ shall all be made alive.

2. Szene
Nr. 42 Recitative accompanied (Bass)
I Corinthians 15:51, 52
Behold, I tell you a mystery: We shall not all sleep; but we shall all be changed
in a moment, in a twinkling of an eye, at the last trumpet.

TEIL III:

1. Szene
Nr. 40 Arie (Sopran)
Ijob 19,25–26
(Doch ich,) Ich weiß: Mein Erlöser lebt [und er wird aufstehen am letzten Tag auf der Erde. Und obwohl Würmer diesen Leib zerstören, werde ich doch in meinem Fleisch Gott schauen.]
1 Kor 15,20
Nun aber ist Christus von den Toten [auferstanden, die Erstlingsfrucht] der Entschlafenen.

Nr. 41 Chor
1 Kor 15,21–22
Da nämlich durch einen Menschen der Tod gekommen ist, kommt durch einen Menschen auch die Auferstehung der Toten. Denn wie in Adam alle sterben, so werden in Christus alle lebendig gemacht werden.

2. Szene
Nr. 42 Accompagnato (Bass)
1 Kor 15,51–52
Seht, ich enthülle euch ein Geheimnis: Wir werden nicht alle entschlafen, aber wir werden alle verwandelt werden plötzlich, in einem Augenblick, beim letzten [Trompeten]-schall.

Nr. 43 Air (Bass)
I Corinthians 15:52, 53
The trumpet shall sound, and the dead shall be raised incorruptible, and we shall be changed.
For this corruptible must put on incorruption, and this mortal must put on immortality.

3. Szene
Recitative (Alt)
I Corinthians 15:54
Then shall be brought to pass the saying that is written: Death is swallowed up in victory.

Nr. 44 Duet (Alt und Tenor)
I Corinthians 15:55, 56
O death, where is thy sting? O grave, where is thy victory?
The sting of death is sin, and the strength of sin is the law.

Nr. 45 Chorus
I Corinthians 15:57
But thanks be to God, who giveth us the victory through our Lord Jesus Christ.

Nr. 43 Arie (Bass)
1 Kor 15,52–53
Die Posaune wird erschallen, die Toten werden zur Unvergänglichkeit auferweckt, wir aber werden verwandelt werden.
Denn dieses Vergängliche muss sich mit Unvergänglichkeit bekleiden und dieses Sterbliche mit Unsterblichkeit.

3. Szene
Rezitativ (Alt)
1 Kor 15,54
Dann erfüllt sich das Wort der Schrift: Verschlungen ist der Tod vom Sieg.

Nr. 44 Duett (Alt und Tenor)
1 Kor 15,55–56
Tod, wo ist dein [Stachel]? [Grab], wo ist dein [Sieg]?
Der Stachel des Todes aber ist die Sünde, die Kraft der Sünde ist das Gesetz.

Nr. 45 Chor
1 Kor 15,57
Gott aber sei Dank, der uns den Sieg [schenkt] durch Jesus Christus, unseren Herrn.

Nr. 46 Air (Sopran)
Romans 8:31, 33, 34
If God be for us, who can be against us?
who shall lay any thing to the charge of God's elect?
It is God that justifieth,
who is he that condemneth? It is Christ that died, yea,
rather, that is risen again, who is at the right hand of God,
who makes intercession for us.

4. Szene
Nr. 47 Chorus
Revelation 5:12, (9), 13
Worthy is the Lamb that was slain,
and hath redeemed us to God by His blood (appr. Rev 5:9),
to receive power, and riches, and wisdom, and strength,
and honour, and glory, and blessing.
Blessing and honour, glory and power, be unto Him that
sitteth upon the throne, and unto the Lamb, for ever and
ever.
Amen.

Nr. 46 Arie (Sopran)
Röm 8,31.33–34
(…) Ist Gott für uns, wer ist dann gegen uns?
(Er hat seinen eigenen Sohn nicht verschont, sondern ihn für uns alle hingegeben – wie sollte er uns mit ihm nicht alles schenken?)
Wer kann [den] Auserwählten Gottes anklagen? Gott ist es, der gerecht macht.
Wer kann […] verurteilen? Christus Jesus, der gestorben ist, mehr noch: der [wieder auferstanden ist] sitzt zur Rechten Gottes und tritt für uns ein.

4. Szene
Nr. 47 Chor
Offb 5,12.(9).13.(14)
Würdig ist das Lamm, das geschlachtet wurde *und uns durch sein Blut erlöst hat (ca. Offb 5,9),* Macht zu empfangen, Reichtum und Weisheit, Kraft und Ehre, Herrlichkeit und [Segen]. (…)
Ihm, der auf dem Thron sitzt, und dem Lamm gebühren [Segen] und Ehre und Herrlichkeit und Kraft für immer und ewig.
Amen.

VI. Tabelle zu BCP

Libretto Nr.	Bibelstelle	Book of Common Prayer
Part I:		
Nr. 2–4; 8	Jes 40,1–5.9.11	a) *Fest des Johannes d. Täufers:* Lesung (Jes 40,1–11) b) *Sonntag nach Weihnachten:* Abend: 1. Lesung (Jes 40)
Nr. 5	Hag 2,6–7	*Darstellung im Tempel:* Abend: Lesung (Hag 2,1–10) (BCP 1662)
Nr. 5–7	Mal 3,1–3	a) *Fest des Johannes des Täufers:* Morgen: 1. Lesung (Mal 3) b) *Darstellung im Tempel:* Lesung (1662)
Rez. vor Nr. 8	Jes 7,14 Mt 1,23	*Christtag:* Abend: 1. Lesung (Jes 7,10–25) *Christtag:* Morgen: 2. Lesung (Mt 1) *Neujahrstag:* Evang. (Mt 1)
Nr. 9–10	Jes 60,1–3	*Epiphanie:* Morgen: 1. Lesung (Jes 60)
Nr. 10–11	Jes 9,2.6	*Christtag:* Morgen: 1. Lesung (Jes 9)

Paralleltext	Book of Common Prayer
Joh 1,23	*4. Adventssonntag:* Evang. (Joh 1,19–28)
Lk 21,25–33	*2. Adventssonntag:* Evang. (Lk 21,25–33)
Mt 11,10	*3. Adventssonntag:* Evang. (Mt 11,2–10)

Libretto Nr.	Bibelstelle	Book of Common Prayer
Rez. vor	Lk 2,8–11.13	*Christtag:*
Nr. 13; 13–15		Evang. (Lk 2,1–14)
Nr. 16	Sach 9,9–10	*Karsamstag:* Abend: Sach 9 (1662)
Rez. vor Nr. 17	Jes 35,5	*St. Thomas:* Abend: 1. Lesung Jes 35 (1662)
Nr. 17–18	Mt 11,28–30	a) *Einladung zur Kommunion* b) *Aschermittwoch:* als Gebet (1549)

Part II:

Nr. 19	Joh 1,29	a) *Agnus Dei* b) *Ostertag:* Kommunionvers c) *Ostertag:* Präfation/Hochgebet (1662)
Nr. 20–23; 28	Jes 53,1–6.8	*Karfreitag:* Abend: 1. Lesung (Jes 53)
Nr. 20	Jes 50,6	*Dienstag der Karwoche:* Lesung (Jes 50,5–11)
Nr. 24–25	Ps 22,7–8	*Karfreitag:* 1549: Kommunion (Ps 22,1–24); 1662: Abend (Ps 22)
Nr. 26	Ps 69,20	*Karfreitag:* Abend (Ps 69) (1662)

Paralleltext	Book of Common Prayer
Mt 21,5	*1. Adventssonntag:* Evang. (Mt 21,1–13)
Mt 11,5	*3. Adventssonntag:* Evang. (Mt 11,2–10)
1 Petr 2	*2. Sonntag nach Ostern:* Lesung (1 Petr 2,19–25)
1 Petr 3,17–22	*Karsamstag:* Lesung (1549)

TABELLE ZU BOOK OF COMMON PRAYER

Libretto Nr.	Bibelstelle	Book of Common Prayer
Nr. 27	Klgl 1,12	1549: *Mittwoch vor Ostern*: Abend: 1. Lesung (Klgl 1) 1662: *Montag vor Ostern*: Morgen: 1. Lesung (Klgl 1)
Nr. 29	Ps 16,10	*Ostersonntag*: 1. Kommunion (Ps 16) (1549)
Nr. 30	Ps 24,7–10	*Christi Himmelfahrt*: Abend (Psalm 24) (1549)
Rez. vor Nr. 31;	Hebr 1,5–6	*Christtag*:
Nr. 31		Lesung (nach der 2. Kommunion) Hebr 1,1–12
Nr. 32–33	Ps 68,18.11	a) *Christi Himmelfahrt*: Abend (Ps 68) (1549) b) *Pfingstsonntag*: Morgen (Ps 68) (1662)
Nr. 34–35	Röm 10,15.18	*Festtag des hl. Andreas*: Lesung (Röm 10,9–21)
Nr. 35	Ps 19,4	*Christtag*: Morgen (Ps 19)
Nr. 36–38	Ps 2,1–4.9	a) *Ostersonntag*: Morgen (Ps 2) b) *4. Sonntag nach Epiphanie*: Anfangspsalm
Nr. 39	Offb 19,6.15.16	*Allerheiligen*: Abend: 2. Lesung (Offb 19,1–16)

Paralleltext	Book of Common Prayer
Ps 2	*Ostersonntag:*
	Morgen (Ps 2)
Eph 4,8	a) *Christi Himmelfahrt:*
	Abend: 2. Lesung (Eph 4) (1549)
	b) *Trinitätssonntag:*
	Abend: 2. Lesung (1662)
Jes 52,7	*Mariä Verkündigung:*
	Abend: Lesung (1662)

TABELLE ZU BOOK OF COMMON PRAYER

Libretto Nr.	Bibelstelle	Book of Common Prayer
Part II:		
Nr. 40	Ijob 19,25–26	*Begräbnisliturgie:* Beginn: Priester spricht Joh 6; Ijob 19,25–26; 1 Tim 6,7; Ijob 1,21; 14,1–2 [gedruckt: Ijob 9]
Nr. 40–45	1 Kor 15,21–22.51–57	a) *Begräbnisliturgie:* b) *Ostersonntag:* Morgen: (jeweils 1 Kor 15,20–58)
Nr. 46	Röm 8,31.33–34	Postkommunionverse (1549)
Nr. 47	Offb 5,9.12–13	*Ostersonntag:* Abend: 2. Lesung (Offb 5) (1662)

Anmerkungen

1 Handel says he will do nothing next Winter, but I hope I shall perswade him to set another Scripture Collection I have made for him, & perform it for his own Benefit (taking the bulk of the box office) in Passion Week, I hope he will lay out his whole genius & Skill upon it, that the Composition may excell all his former Compositions, as the Subject excells every other Subject. The Subject is Messiah."; http://messiah-guide.com/history.html; ges. am 27.11. 2014.

2 „If Truth had access to the Publick, it would pronounce that he is a man of Taste and Erudition; of the strictest morals; and (...) that he is a Defender of the Unfortunate, a Protector of Innocence, and Encourager of Arts, a Patron of Learning, a generous and forgiving Enemy, and the tenderest and most affectionate of Friends." Leserbrief im Public advertiser of Feb. 14, 1771: zitiert aus: http://spenserians.cath.vt.edu/BiographyRecord.php?action=GET&bioid=33840; ges. am 6.2.2016.

3 „His taste in Musick is still less disputable — the compilation of the Messiah has been ever attributed to him. Handel generally consulted him; and to the time of his death lived with him in the strictest intimacy and regard. Respecting his knowledge of Poetry, the testimony of Mr. Holdsworth must principally be referred to. This ingenious author left to Mr. Jennens his most valuable Notes on Virgil, which were lately published, and received with the fullest approbation. Were Handel or Holdsworth men so mean or despicable, as to offer incense at the shrine of Ignorance? If Adulation was the idol of Mr. Jennens's heart, is it likely he would have sought for it from the bluntness of the one, or the sober dignity of the other? Would he not (for the ear of Flattery is

seldom nice) have rather expected it from some languid Musician, or some adulterate Critick?" ebd.
4   „Let us, however, do justice to Mr. Jennens's merits where we are lucky enough to find them. He was profusely liberal to those who in his opinion deserved liberality. The indigent Nonjuror and Nonconformist never solicited relief in vain." http://spenserians.cath.vt.edu/BiographyRecord.php?action=GET&bioid=33840; ges. am 6.2.2016.
5   http://anglicaneucharistictheology.com/Anglican_Eucharistic_Theology/Case_Studies/Entries/2006/3/22_Nonjuror_Liturgies_of_1718_and_1734.html; ges. am 5.2.2016.
6   Nohl, Oratorientexte, 23, nach einer Aussage von Charles Burney, zitiert bei C. Hogwood, Händel, Stuttgart 1992, 286.
7   so etwa Nohl, Oratorientexte, 23.
8   „I did think I did see all Heaven before me and the great God himself"; zitiert aus Nohl, 23.
9   „My Lord, I should be sorry if I only entertained them; I wished to make them better." http://doctrine.org/handels-messiah/; ges. am 9. Februar 2015.
10 „I shall show you a collection I gave Handel, called *Messiah*, which I value highly." Tobin, Messiah, 150f.
11 „The Sublime, the Grand, and the Tender, adapted to the most elevated, majestick and moving Words, conspired to transport and charm the ravished Heart and Ear." The Dublin Journal, 10. April 1742, zitiert nach HHB 4,348.
12 HHB 4, 353f.
13 zitiert aus Nohl, Oratorientexte, 42; Originaltext auch in http://doctrine.org/handels-messiah/ eingesehen am 9. Februar 2015.
14 zitiert aus Nohl, Oratorientexte, 42; Originaltext in Händel-Handbuch Band 4, 360f.
15 Vgl. zum Folgenden auch Waczkat, Messias, 104–113.
16 Monheim, Händels Oratorien, 126f.
17 „He is said to have composed the words for some of Handel's Oratorios, and particularly those for The Messiah; an easy task, as it is only selection from Scripture verses." George Stevens in: Public Advertiser of Jan. 26, 1771. http://spenserians.cath.

vt.edu/BiographyRecord.php?action=GET&bioid=33840; ges. am 5.2.2016.
18 Berger, Liturgie, 25.
19 Die Szenenaufteilung folgt dem Librettodruck von Dublin 1743, vgl. Erhardt, Messiah, 93. Die Zählweise der Musiknummern orientiert sich am Urtext der Hallischen Händel-Ausgabe, wie sie etwa im Klavierauszug des Messiah-Ausgabe Bärenreiter verwendet wird. Vgl. auch Waczkat.
20 Kursiv stehen jene Teile, die ab dem BCP von 1552 nicht mehr oder anders vorhanden sind.
21 He [Händel] has made a fine entertainment of it [the Messiah], though not near so good as he might and ought to have done. I have with great difficulty made him correct some of the grossest faults in the composition; but he retained his overture obstinately, in which there are some passages far unworthy of Handel, but much more unworthy of the Messiah." http://en.wikipedia.org/wiki/Charles_Jennens; ges. am 27.2.2016.
22 Gegen diejenigen, welche nicht zugeben wollen, dass die heilige Jungfrau Gottesgebärerin ist (Adversus nolentes confiteri sanctam virginem esse Deiparam) 23.
23 Tertullian, Adv. Marc. 48.
24 vgl. Irenäus, Demonstratio II,2,68; Justin, 1. Apologie 38 u. a.
25 Tert., Adv. Marcion: 51. Weissagungen über Christi Leiden, Himmelfahrt und Wiederkunft.
26 Vgl. Erhardt, Messiah, 236f. mit Verweis auf Gudger, A Borrowing from Kerll in Messiah, MT 118, 1977, 1038f.
27 Vgl. Erhardt, Messiah, 238.
28 quam tempestiui pedes euangelizantium pacem, euangelizantium bona, non bellum nec mala.
29 Vgl. auch Erhardt, Messiah, 273f.
30 Tertullian, Adv. Marcion 52.
31 Übersetzung: https://de.wikisource.org/wiki/Das_vierte_Buch_Esra/Kapitel_6; ges. am 23.2. 2016.
32 Vgl. Erhardt, Messiah, 302.
33 http://justus.anglican.org/resources/bcp/1549/Communion_1549.htm; ges. am 23.2. 2016.

Anhang

Literaturverzeichnis

Quellentexte

Ausgaben
Der Messias, hg. v. Friedrich Chrysander (Endredaktion Max Seiffert). Georg Friedrich Händel's Werke; Lieferung 45, Leipzig 1902 (englischer und deutscher Text).
The *Messiah* / Der Messias, hg. v. John Tobin. Hallische Händel-Ausgabe, Serie I: Oratorien und große Kantaten, Band 17, Kassel und Leipzig 1965, ²1986 (englischer und deutscher Text).
Der Messias. Oratorium in drei Teilen, bearbeitet von Mozart, KV 572, hg. v. Andreas Holschneider. Neue Mozart Ausgabe, Serie X, Abt. I: Bearbeitungen von Werken Händels, Band 2, Kassel und Leipzig 1961 (deutscher Text).

Frühchristliche Quellen
AUGUSTINUS, Über den Gottesstaat (De civitate Dei); Des heiligen Kirchenvaters Aurelius Augustinus zweiundzwanzig Bücher über den Gottesstaat. Aus dem Lateinischen übers. von Alfred Schröder. (Des heiligen Kirchenvaters Aurelius Augustinus ausgewählte Schriften 1–3, Bibliothek der Kirchenväter, 1. Reihe, Band 01, 16, 28) Kempten; München 1911–16.
CYRILL VON ALEXANDRIEN, Gegen diejenigen, welche nicht zugeben wollen, dass die heilige Jungfrau Gottesgebärerin ist (Adversus nolentes confiteri sanctam virginem esse Deiparam); Ausgewählte Schriften des Cyrillus, Erzbischof und Patriarch von Alexandrien / aus dem Urtexte übers. von Heinrich Hand. (Bibliothek der Kirchenväter, 1 Serie, Band 58), Kempten 1879.

IRENÄUS, Erweis der apostolischen Verkündigung (Demonstratio apostolicae praedicationis); Des heiligen Irenäus fünf Bücher gegen die Häresien. Aus dem Griechischen übersetzt von E. Klebba. (Bibliothek der Kirchenväter, 1. Reihe, Band 4) München 1912.

JUSTIN, Erste Apologie; Frühchristliche Apologeten und Märtyrerakten Band I. Aus dem Griechischen und Lateinischen übersetzt von Dr. Kaspar Julius (Aristides); Dr. Gerhard Rauschen (Justin, Diognet); Dr. R. C. Kukula (Tatian); P. Anselm Eberhard (Athenagoras). (Bibliothek der Kirchenväter, 1. Reihe, Band 12) München 1913.

TERTULLIAN, Die fünf Bücher gegen Marcion (Adversus Marcionem); Tertullians sämtliche Schriften. Aus dem Lateinischen übersetzt von Karl Adam Heinrich Kellner. Köln 1882.

Quellen und Literatur zum Book of Common Prayer und zur anglikanischen Liturgie

http://justus.anglican.org/resources/bcp/ (sämtliche Fassungen des BCP und Liturgieordnungen); ges. am 27.2.2016.

Darunter:

http://justus.anglican.org/resources/bcp/Communion_Nonjurors.htm; ges. am 27.2.2016.

http://anglicaneucharistictheology.com/Anglican_Eucharistic_Theology/Case_Studies/Entries/2006/3/22_Nonjuror_Liturgies_of_1718_and_1734.html

https://www.churchofengland.org/prayer-worship/worship/book-of-common-prayer (Fassung von 1662); ges. am 28.2.2016.

HUELSKAMP, BENJAMIN Z., Edward's Prayers, Elizabeth's Settlement. The 1549, 1552, and 1559 Books of Common Prayer. Lethbridge Undergraduate Research Journal. Volume 4 Number 1. 2009.

MITCHELL, ALBERT, The Nonjurors 1688–1805; http://archive.churchsociety.org/churchman/documents/Cman_051_4_Mitchell.pdf; ges. am 27.2.2016.

OVERTON, JOHN HENRY, The Nonjurors; London 1902.

http://www.lurj.org/issues/volume-2-number-1/prayer; ges. am 27.2.2016

Literatur

Biografien zu G. F. Händel (Auswahl)
BASELT, BERND, Georg Friedrich Händel, Leipzig 1988.
BERGER, TERESA, Liturgie. Spiegel der Kirche; Göttingen 1986.
BLAKEMAN, EDWARD, Handel, Faber & Faber pocket guide, London 2009.
BURROWS, DONALD, Handel, Oxford 1996.
HOGWOOD, CHRISTOPHER, Handel, London ²1995; dt. Ders., Georg Friedrich Händel. Mit einer Zeittafel von Anthony Hicks. Aus dem Englischen von Bettina Obrecht, Stuttgart 1992.
LANG, PAUL HENRY, George Frideric Handel, New York 1966.
MAINWARING, JOHN, Memoirs of the Life of the late George Frideric Handel, London 1760; dt. Georg Friedrich Händel, Biographie von John Mainwaring, hg. v. Hedwig und E. H. Müller von Asow, Lindau 1949.
SERAUKY, WALTER, Georg Friedrich Händel. Sein Leben – sein Werk. 4 Teile in 3 Bänden, Kassel und Leipzig 1956–1958.

Nachschlagewerke
LANDGRAF, ANNETTE; VICKERS, DAVID (HG.), Handel. The Cambridge Encyclopedia, Cambridge 2009.
MARX, HANS-JOACHIM (HG.), Das Händel-Lexikon, Laaber 2009.
Das bibelwissenschaftliche Lexikon im Internet (hg. v. Michaela Bauks und Klaus Könen); http://www.bibelwissenschaft.de/wibilex/

Weitere Literatur
ASSMANN, JAN, Israel in Egypt (Bibel & Musik) Stuttgart 2015.
BERGES, ULRICH, Jesaja 49–54 (Herders Theologischer Kommentar zum Alten Testament); Freiburg, Wien u. a. 2015.
BERGMANN, WERNER, Geschichte des Antisemitismus (Becksche Reihe), München 2002.

BERTOLI, BRUNO, Il libretto del Messiah di Handel, fonti bibliche e liturgiche (Musica e storia 12/2, 2004), 257–290.

BEUTLER, JOHANNES, „Ich bin das Licht der Welt". Jesus und das Heil der Welt nach dem Johannesevangelium (Bibel und Kirche 4/2014) 217–221.

BLOCK, DANIEL I., Handel's Messiah. Biblical and Theological Perspectives, (Didaskalia 12/2 2001), 1–23.

BOCKMAIER, CLAUS, Händels Oratorien. Ein musikalischer Werkführer; München 2008.

BULLARD, ROGER A., Messiah. The Gospel according to Handel's Oratorio; London ²1995.

BURROWS, DONALD, Handel: Messiah; Cambridge [u. a.] 1991.

DAVIES, ANDREWS, „Oratorio as Exegesis. The Use of the Book of Isaiah in Handel's Messiah", in: J. Cheryl Exum (Hg.), Retellings. The Bible in Literature, Music, Art and Film; Leiden 2007.

ERHARDT, TASSILO, Händels Messiah. Text, Musik, Theologie; Bad Reichenhall 2007.

ERLEMANN, Jesus der Christus. Provokation des Glaubens; Neukirchen-Vluyn 2011.

HIRSCHMANN, WOLFGANG, „Sublime strokes". Händels Kompositionswissenschaft und die Ästhetik des Erhabenen, in: Ders. (Hg.), Händels „Messiah". Zum Verhältnis von Aufklärung, Religion und Wissen im 18. Jahrhundert (Kleine Schriften des IZEA 3/2011), 17–41.

HÖFFKEN, PETER, Jesaja (2 Bde.; Neuer Stuttgarter Kommentar Altes Testament 18); Stuttgart 1993 u. 1998.

JANSSEN, CLAUDIA, Mit welchem Körper werden wir auferstehen? Auferstehung und Neuschöpfung in 1 Kor 15 (Bibel und Kirche 2/2009), 93–98.

KIDDER, RICHARD, A demonstration of the Messias ... (London ²1726, ursprünglich geschrieben 1684, 1699 und 1700 – drei Bände).

KREUTZER, HANS-JOACHIM, Von Händels „Messiah" zum deutschen „Messias". Das Libretto, seine Übersetzungen und die deutsche Händel-Rezeption des 18. Jahrhunderts, in: Deutsche Vierteljah-

resschrift für Literaturwissenschaft und Geistesgeschichte 67 (1993), 77–100.
DERS., „The Sublime, the Grand, and the Tender". Über Händels „Messiah" und Klopstocks „Messias", in: Zwischen Aufklärung und Romantik. Neue Perspektiven der Forschung. FS für Roger Paulin, hg. v. Konrad Feilchenfeldt u. a. (Publications of the Institute of Germanic Studies 89); Würzburg 2006, 343–370.
LANG, PAUL HENRY, Georg Friedrich Händel: sein Leben, sein Stil und seine Stellung im englischen Geistes- und Kulturleben; Basel 1979.
LARSEN, JENS PETER, Handel's Messiah: origins, composition, sources; New York 1972.
LEOPOLD, SILKE, „I've read my bible very well ..." Bibeltext und Arienkomposition in Händels „Messias", in: Musica 37 (1983), 504–507.
DIES., The Messiah. A Sacred Oratorio, in: Oratorienführer (hg. v. Silke Leopold u. Ullrich Scheideler); Stuttgart / Kassel 2000, 277–279.
LUCKETT, R., Handel's Messiah. A Celebration, London 1992.
NICHOLS, JOHN, Biographical and Literary Anecdotes of the Eighteenth Century, 9 Bände, London 1812–1816.
MARX, HANS JOACHIM, Zu den alternativen Fassungen von Händels „Messias", in: Georg Friedrich Händel – Ein Lebensinhalt. Gedenkschrift Bernd Baselt (1934–1993); Halle a.d. Saale 1995, 39–58.
NEUBRAND, MARIA, Der Messias Israels und die Völker (Apg 15,14–21). Zur universalen Hoffnungsperspektive des lukanischen Doppelwerks (Bibel und Kirche 4/2014) 222–227.
NOHL, PAUL-GERHARD, Geistliche Oratorientexte: Entstehung, Kommentar, Interpretation; Messias, Die Schöpfung, Elias, Ein Deutsches Requiem; Kassel [u. a.] 2001.
SCHAEFER, CHRISTOPH, „Ein Licht zur Erleuchtung der Heiden und Herrlichkeit für dein Volk Israel" (Lk 2,34). Jesus als Messias für Israel und die Völker in den lukanischen Kindheitserzählungen (Bibel und Kirche 4/2014) 204–210.

SCHRAGE, WOLFGANG, Der erste Brief an die Korinther IV (EKK VII/4); Neukirchen-Vluyn 2001.

SHAW, WATKINS, A Textual and Critical Companion to Handel's Messiah, London 1965.

SMILDE, BERNARD, Händel's „Messiah", Nijkerk 1991.

SMITH, RUTH, The Achievements of Charles Jennens, ML 70, 1989, 161–150.

DIES., Handel's Oratorios and Eighteenth-Century Thought, Cambridge 1995.

DIES., Handel's English Librettists, in: Burrows, Cambridge Companion, 92–110.

DIES., Charles Jennens. The Man Behind Handel's Messiah; London 2012.

SÖDING, THOMAS, Der erste und der zweite Adam. Anthropologie und Christologie bei Paulus im Kontext Biblischer Theologie, in: Biblische Anthropologie. Neue Einsichten aus dem Alten Testament (hg. v. Christian Frevel); Freiburg i. Br. 2010, 390–424.

THEOBALD, MICHAEL, Der Römerbrief (Erträge der Forschung 294), Darmstadt 2000.

TOBIN, JOHN, Handel's Messiah. A Critical Account of the Manuscript Sources and Printed editions; London 1969.

WACZKAT, ANDREAS, Georg Friedrich Händel, „Der Messias"; Kassel [u. a.] 2008.

WILDGRUBER, REGINA, Gottes Licht für alle Völker (Bibel und Kirche 4/2014) 199–203.

WOLPERS, THEODOR, Händel und die englische Kultur seiner Zeit. Aspekte einer Begegnung vornehmlich aus literarischer Sicht, in: Göttinger Händel-Beiträge 6 (1996), 1–35.

WOLTER, MICHAEL, Der Brief an die Römer (Evangelisch-katholischer Kommentar zum Neuen Testament 6); Neukirchen-Vluyn 2014.

ZELLER, DIETER, Der erste Brief an die Korinther (Kritisch-exegetischer Kommentar über das Neue Testament 5); Göttingen 2010.

Diskografie

1964 (in dt. Sprache): Dirigent: Karl Richter; mit: Gundula Janowitz, Marga Höffgen, Ernst Haefliger, Franz Crass, Münchener Bach-Chor, Münchener Bach-Orchester (DGG, ADD).

1966 Dirigent: Colin Davis; mit: Heather Harper, Helen Watts, John Wakefield, London Symphony Chorus, London Symphony Orchestra (Philips, ADD).

1972 Dirigent: Karl Richter; mit: Helen Donath, Anna Reynolds, Stuart Burrows, London Philharmonic Orchestra (DGG, ADD).

1973 (in dt. Sprache): Dirigent: Helmut Koch; mit: Regina Werner, Heidi Rieß, Peter Schreier, Theo Adam, Solistenvereinigung Berlin (Vokalensemble), Rundfunkchor Berlin (Gemischter Chor), Rundfunk-Sinfonieorchester Berlin (Berlin, ADD).

1974 (in dt. Sprache in der Bearbeitung durch W. A. Mozart): Dirigent: Charles Mackerras; mit: Edith Mathis, Birgit Finnilä, Peter Schreier, Theo Adam, ORF Symphony Orchestra (DGG, ADD).

1976 Dirigent: Neville Marriner; mit: Elly Ameling, Anna Reynolds, Philip Langridge, Gwynne Howell, Academy of St. Martin in the Fields (Decca, ADD).

1979 Dirigent: Christopher Hogwood; mit: Judith Nelson, Emma Kirkby, Carolyn Watkinson, Paul Elliott, David Thomas, Christ Church Cathedral Choir, Academy of Ancient Music (Decca, ADD).

1982 Dirigent: John Eliot Gardiner; mit: Margaret Marshall, Charlotte Robbin, Anthony Rolfe-Johnson, Robert Hale, Monteverdi Choir, English Baroque Soloists (Philips, DDD).

1982 Dirigent: Nicolaus Harnoncourt; mit: Elizabeth Gale, Marjana Lipovsek, Werner Hollweg, Stockholm Chamber Choir, Concentus Musicus Wien (Teldec, DDD).

1983 Dirigent: Ton Koopman; mit: Marjanne Kweksilber, James Bowman, Paul Elliott, Gregory Reinhart, The Sixteen, Amsterdam Baroque Orchestra (Erato, DDD).

1984 (in dt. Sprache): Dirigent: Neville Marriner; mit: Lucia Popp, Brigitte Fassbaender, Robert Gambill, Robert Holl, Südfunk-Chor, Radio-Sinfonieorchester Stuttgart (Warner, DDD).

1987 Dirigent: Trevor Pinnock; mit: Arleen Auger, Anne Sofie von Otter, Michael Chance, Howard Crook, John Tomlinson, Choir of The English Concert (DGG, DDD).

1990 (in dt. Sprache in der Bearbeitung durch W. A. Mozart): Dirigent: Helmut Rilling; mit: Donna Brown, Cornelia Kallisch, Roberto Sacca, Alastair Miles, Gächinger Kantorei Stuttgart, Bach-Collegium Stuttgart (Hänssler, DDD).

1991 Dirigent: Richard Hickox; mit: Joan Rodgers, Della Jones, Christopher Robson, Philip Langridge, Bryn Terfel, Collegium Musicum 90 (Chandos, DDD).

1991 (in dt. Sprache in der Bearbeitung durch W. A. Mozart): Dirigent: Hermann Max; mit: Monika Frimmer, Mechthild Georg, Christoph Pregardien, Stephan Schreckenberger, Rheinische Kantorei, Das Kleine Konzert (Warner, DDD).

1992 Dirigent: Neville Marriner; mit: Sylvia McNair, Anne Sofie von Otter, Michael Chance, Jerry Hadley, Robert Lloyd, Academy & Chorus St. Martin (Philips, DDD).

1993 Dirigent: William Christie; mit: Barbara Schlick, Sandrine Piau, Andreas Scholl, Mark Padmore, Nathan Berg, Les Arts Florissants (HMF, DDD).

1996 Dirigent: Masaaki Suzuki; mit: Midori Suzuki, Yoshikazu Mera, John Elwes, David Thomas, Bach Collegium Japan (BIS, DDD).

1996 Dirigent: Paul McCreesh; mit: Dorothea Röschmann, Bernarda Fink, Charles Daniels, Neal Davies, Gabrieli Consort & Players (DGG, DDD).

2005 Dirigent: Rene Jacobs; mit: Kerstin Avemo, Patricia Bardon, Lawrence Zazzo, Kobie van Rensburg, Neil Davies, Clare College Choir Cambridge, Freiburger Barockorchester (HMF, DDD).

2005 Dirigent: Nicolaus Harnoncourt; mit: Christine Schäfer, Anna Larsson, Michael Schade, Gerald Finley, Arnold Schoenberg Chor, Concentus Musicus Wien (DHM, DDD).

2006 Dirigent: Edward Higginbottom; mit: Henry Jenkinson, Otta Jones, Robert Brooks, New College Oxford Choir, Academy of Ancient Music (Naxos, DDD). Fassung von 1751.

2007 Dirigent: Harry Christophers; mit: Carolyn Sampson, Mark Padmore, Catherine Wyn-Rogers, Christopher Purves, The Sixteen (Coro, DDD).

2013 Dirigentin: Emmanuelle Haim; mit: Lucy Crowe, Tim Mead, Andrew Staples, Christopher Purves, Chor und Orchester de Le Concert d'Astree (Erato, DDD).

Nachweise Notenbeispiele

Die Angabe „Klavierauszug" bezieht sich auf die Ausgabe:
„Georg Friedrich Händel – Der Messias HWV 56 – Oratorium in drei Teilen – Deutsche Übersetzung von Konrad Ameln – Klavierauszug von Max Schneider – Herausgegeben von John Tobin, BA 4012-90 © Bärenreiter-Verlag Karl Vötterle GmbH & Co. KG, Kassel

1. Klavierauszug S. 4, Nr. 2: Takt 1 + 2
2. Klavierauszug S. 35, erste Zeile Takt 1-3, Sopranstimme
3a. Klavierauszug S. 25, Einsatz Altstimme = Takt 12-14
3b. Klavierauszug S. 46, Einsatz Altstimme = Takt 12-14
4. Klavierauszug S. 101, Nr. 17 Einsatz der Altstimme Takt 4-6
5. Klavierauszug S. 128, Nr. 22 Takt 1-6, Sopranstimme
6. Mozartrequiem Nr. II, Kyrie Takt 1-5, Bassstimme
7. Klavierauszug S. 135 Nr. 23: Takt 4 (ab „have") bis Takt 6 erste Note, Chorstimmen
8. Klavierauszug S. 166, Nr. 30 Beginn Takt 1-4
9. Klavierauszug S. 179, Nr. 31, Takt 10-11, Alt- und Tenorstimme
10. Wachet auf ruft uns die Stimme, Liedzeile 2-3
11. Klavierauszug S. 234, Nr. 38, Takt 1 bis Takt 4
12a. Klavierauszug S. 239, Takt 12-14, Sopranstimme
12b. Wie schön leuchtet der Morgenstern, Melodie zur Zeile „mein König und mein Bräutigam"

Zur Person der Autorin

Elisabeth Birnbaum wurde in Wien in eine Musikerfamilie hineingeboren, die aus Pianisten, Komponisten, mehreren Orchestermusikern (Mitglieder der Wr. Philharmoniker und der Wr. Symphoniker) und noch mehr Amateurmusikern und -sängerinnen besteht. Wenig überraschend war daher ihr erster und lange vorangetriebener Berufswunsch „Opernsängerin". Sie begann mit der Gesangsausbildung bereits im Alter von vierzehn Jahren und studierte nach ihrer Schulzeit im Wiener Musikgymnasium „Operette und musikalisches Unterhaltungstheater" an der Privatuniversität Wien bzw. „Lied und Oratorium" an der Wiener Musikuniversität bei Walter Berry.

Nach einigen Jahren freiberuflicher Tätigkeit als Sängerin brach jedoch in ihr ein spirituelles und wissenschaftliches Interesse – Letzteres ein Erbe mütterlicherseits – auf, und sie entschied sich für ein Theologiestudium in Wien.

Sie spezialisierte sich im Folgenden auf das Alte Testament und seine Rezeptionsgeschichte und schrieb bereits die Diplomarbeit zum „Alten Testament im Oratorium" (2003) und ihre Doktorarbeit zum Buch Judit, ebenfalls mit einem Schwerpunkt auf Musik und Literatur (2007).

Von 2007 bis 20013 arbeitete sie als wissenschaftliche Mitarbeiterin am Institut für Bibelwissenschaft an der katholisch-theologischen Fakultät in Wien. Im Sommersemester 2013 erhielt sie eine Gastprofessur in Dresden, und seit Herbst 2013 arbeitet sie an einem Forschungsprojekt zum biblischen König Salomo in Literatur und Musik an der Katholischen Privatuniversität in Linz.

Ihre Publikationen sind bestimmt von ihrer Liebe zur Bibel und deren Interpretation in Geschichte und Gegenwart und von ihrer Liebe zur Musik.

Nach zwei musikalischen Büchern, einem heiteren Gedichtband über Orchestermusiker („*O Herr, ich bin Bratschist*" – *was Sie über Orchestermusiker besser nicht wissen sollten*, Amalthea 2002) und einer Biografie über ihren Lehrer Walter Berry (*Walter Berry. Die Biografie*, Henschel 2001), schrieb sie Bücher zur Rezeptionsgeschichte des Juditbuches (*Das Juditbuch im Wien des 17. und 18. Jahrhundert. Exegese – Predigt – Musik – Literatur – Bildende Kunst*, Peter Lang 2009), zu Kohelet (*Das Koheletbuch*, NSK-Kommentar, gem. mit L. Schwienhorst-Schönberger, Katholisches Bibelwerk 2012) und zum Koheletkommentar des Hieronymus (*Der Koheletkommentar des Hieronymus. Einleitung – revidierter Text – Übersetzung – Kommentierung*, De Gruyter 2014).

Ihre Habilitationsschrift befasst sich mit Interpretationsgeschichte und -hermeneutik des alttestamentlichen Hoheliedes. Daneben schreibt sie gerne und oft für breiteres Publikum, etwa in Zeitschriften wie „Bibel heute", und wenn es ihre Zeit erlaubt, gibt sie dann und wann begeistert aufgenommene musikkabarettistische Abende, die Bibel und Musik verbinden, so wie ihr letztes Programm: *Das Wiener Lied der Liebe. Warum das alttestamentliche Hohelied nur in Wien entstanden sein kann* (Lange Nacht der Kirchen, Wien, Juni 2016).